Die drei heiligen Geheimnisse

von Marie Thérèse Rubin

Impressum:

Deutsche Erstausgabe 2013,
© Copyright Marie Thérèse Rubin
Rubinenergie-Verlag GmbH

Alle Rechte für alle Länder vorbehalten. Jeder Nachdruck sowie jede Bearbeitung, Darstellung, Bild-, Ton- oder sonstige Ausgaben bedürfen der Genehmigung des Herausgebers.
Gestaltung Layout und Satz: Rubinenergie-Verlag GmbH
Postfach 370, 3422 Kirchberg BE, Schweiz,
Internet: www.rubinenergie.ch
Umschlagkonzept: Rubinenergie-Verlag GmbH
Umschlagbild: © rolffimages - Fotolia
Lektorat: Sonja Beck, Wolfgang Auer
Bilder: © Fotoalia (sofern nicht anders bezeichnet)
Druck: Amazon, Create Space

ISBN 978-3-906176-90-1

Schweizerische Rechtschreibung:

Die schweizerische Amtssprache beinhaltet bezüglich der S-Laute eine andere Schreibweise als sie im deutschen Sprachraum üblich ist. So werden alle Wörter mit den Buchstaben - ß - durch - ss - ersetzt. Es ist vielleicht etwas gewöhnungsbedürftig, wenn ‚aussen' und ‚beschliessen' mit doppeltem ‚s' geschrieben werden, was aber völlig den schweizerischen Regeln entspricht.

Inhaltsverzeichnis

Vorwort 7

Menschliches Schicksal 11

Das Bewusstsein lebt weiter 15

Geisteswissenschaft erkennt das Kleid 18

Übersinnliche Wahrnehmungen 21

Natürliche und geistige PSI-Kräfte 22

Erstes Geheimnis 27

Der Leidensweg von Hans 29

Lotte's Verfluchung 31

Energetische Belastung eines Säuglings 32

Bewusstsein ist mehr als Denken 33

Erschaffung des Menschen 37

Angelina's Verwechslung 38

Bewusstsein und freier Wille 41

Bewusstsein allein kann nichts verändern 43

Das Leiden von Agnes 45

Die Ebenen der Energiekörper 47

Ausserkörperliche Erfahrungen 50

Zweites Geheimnis 55

Die Bewusstseins-Schule 56

Martina's ungerechte Chefin 59
Mark und die Sandkastenspiele 60
Der Adler im Hühnerhof 62
Die zwölf heiligen Steine 63

Zwölf Entwicklungsschritte 67

Automatische Verbindung des Bewusstseins .. 76
Sarah hat Angst 77
Kosmisches Neujahr 79
Sonnenaktivität wirkt auf das Bewusstsein 82

Drittes Geheimnis 87

Dreifaltigkeit neu gesehen 87
Der göttliche Mensch auf Erden 89
Der freie Wille wird respektiert 91
Leyra ist zu jung 93
Wie man sein Unterbewusstsein erreicht 95
Energiehygiene, sich selber lieben 98
Reikimeister auf dem Weg 101

Religiöse Hilfe für die Gottesbeziehung 103

Hilfe von Jesus dem Christus 103
Energetische meditative Hilfe mit Exerzitien .. 110
Peter's Wandlung 113

Die Heimkehr von Yolande 117

Energetische kirchliche Hilfe 121

Sakramente sind energetische Geschenke ... 123

Das Sakrament der Priester-Weihen 125

Die drei Geheimnisse im Alltag leben 129

Verbindung mit dem Seelenbewusstsein 131

Über die Autorin 133

Danksagung 134

Anmerkungen des Verlages: 135

Hinweis

Die journalistische Arbeitsweise der Autorin beinhaltet einerseits grosse Informationsfülle, welche jedoch immer wieder auf die Einfachheit herabgebrochen wird. Die wichtigsten Aussagen werden mehrfach von verschiedenen Seiten beleuchtet und angesprochen. Die daraus entstehenden teilweisen Wiederholungen sind absichtlich. Teilweise sind die Geheimnisse für das intellektuelle Denken schwer zu akzeptieren, deshalb sind verschiedene Textwiederholungen bewusst eingeflochten. Sie dienen dem besseren Verständnis der komplexen, naturgemäss schwer verständlichen, anspruchsvollen Themen; aus immer wieder anderem Blickwinkel werden sie deshalb mehrmals beleuchtet.

Vorwort

Es ist daher ganz in Ordnung, dass ich vielen dieser Gegenstände, die den meisten neu und seltsam erscheinen werden, etwas anders gegenüberstehe, da alle diese Dinge für mich Selbstverständlichkeiten bedeuten und in manchen Fällen sogar Sache täglicher Erfahrung sind. Viele von uns wissen durch unsere eigenen Experimente, dass diese Dinge wahr sind, doch verlangen wir von niemandem, sie zu glauben, weil wir es tun, sondern nur, unser Zeugnis wie irgendeinen anderen Beweis anzunehmen und in Betracht zu ziehen. Wir suchen niemanden zu belehren, wir versuchen auch nicht, Menschen zu bewegen, das zu glauben, was wir ihnen sagen. Wir legen ihnen bloss ein Forschungssystem vor, in der Hoffnung, dass sie genügend Interesse haben werden, es aufzunehmen und für sich selbst weiter zu verfolgen. Eine unermessliche Literatur ist über diese Gegenstände vorhanden, sodass jeder, der dies will, leicht weiter zu studieren vermag.[1]

---

1   Charles W. Leadbeater in "Die Wissenschaft der Sakramente", 1929, Düsseldorf Ernst Pieper, Ring-Verlag, S. 489

Vorwort

Wer sich den „drei heiligen Geheimnissen" nähern will, muss einen wachen Geist und ein offenes, aufnahmebereites Herz besitzen, verbunden mit dem suchenden Verlangen, die Wahrheiten und Mysterien seines Lebens zu ergründen.

Fast jeder Mensch spürt wohl in einer stillen Stunde, in der alle Hektik des Alltags für eine kurze Zeit zur Ruhe kommt, dass es zwischen Himmel und Erde mehr geben muss als die oberflächlichen Betriebsamkeiten, Vergnügungen und Verpflichtungen des normalen Lebens, so wichtig diese auch sein mögen.

Wo findet der Mensch dann seine Antworten und Trost auf die Fragen seines Lebens?

An wen kann er sich vertrauensvoll wenden und wer kann ihm in seinen Nöten, Schicksalsschlägen und Prüfungen wirklich helfen, wenn ihn Schmerz, Trauer und Leid zu übermannen drohen. Es ist schon ein nicht alltägliches, besonderes Glück, in solchen Situationen einen kundigen Seelsorger oder liebevolle Freunde und Verwandte an seiner Seite zu haben, die ihm aus der Krise helfen und diese als Lebenschance sehen können.

Da es wohl kein Leben ohne Schmerz, Herzenskummer und Leid gibt, wäre es für jeden Menschen zumindest intelligent und sinnvoll, für den Fall, dass das Schicksal sich wendet, in guten Zeiten vorzusorgen und sich das Wissen, d.h. Erkenntnisse anzueignen, die ihn in den schwierigen Situationen seines Lebens tragen können.

Das Buch „Die drei heiligen Geheimnisse" von Marie Thérèse Rubin stellt eine solche Lebenshilfe dar.

Es zeigt dem Leser zahlreiche Möglichkeiten, sein Leben besser zu verstehen, sich selbst zu erkennen und gewährt einen tieferen Einblick in die universellen Wahrheiten des inneren und äusseren Lebens. Authentische, oft tragische Fallbeispiele von menschlichen Schicksalen demonstrieren die Gesetzmässigkeiten und deren Auswirkungen, die allem Leben zugrunde liegen. Mancher Leser mag sich darin wiederfinden.

Dabei geht es weniger um äusseres Wissen, sondern um tiefere Erkenntnisse, die unser Leben auf feinstoffliche Weise durchdringen und bestimmen. In Wirklichkeit gibt es aber weder Wunder noch Geheimnisse; der pragmatische Alltagsverstand deutet sie nur als solche, weil er die übernatürlichen Geschehnisse weder erklären noch erfassen kann. Auch die göttliche Weisheit richtet sich nach den inneren Gesetzen, die sie zum Wohle aller Wesenheiten aufgestellt hat.

Was Heilige, spirituelle Meisterseelen und Jesus Christus in ihrem Erdenleben oft an Wundern vollbracht haben, entsprach stets den inneren Gesetzmässigkeiten, die vom Volk damals wie heute natürlich nicht verstanden wurden. Diese Wunder, von denen auch die Heilige Schrift zahlreich berichtet, sind für uns alle Hinweise auf die göttliche Majestät und Kraft, die die Menschen bewegen sollen, Gott als ihrem Schöpfer alle Ehre zu erweisen und ihn in seinem Herzen in aller Demut und Dankbarkeit für seine Liebe zu preisen.

Zurück zum Buch. Es soll hier ausdrücklich erwähnt werden, dass die Autorin aus der Sicht eines tiefen christlichen Verständnisses schreibt und eine umfassende Kenntnis vieler spiritueller Kulturen und Traditionen besitzt. Als geweihte Bischöfin ist es ihr Herzensanliegen, die Menschen zu einer intensiveren Gotteserkenntnis zu bewegen, die allein zum wahren Glück führt, wobei sie Jesus Christus als ihren Lehrer und Erlöser an die erste Stelle ihres Lebens setzt und es versteht, diese Lebenshaltung in ihrem Buch kraftvoll zu verdeutlichen.

Mancher Leser mag jetzt denken, dass dies auch das Anliegen der traditionellen Religionen (Konfessionen) sei. Äusserlich gesehen mag das stimmen; aber es geht hier nicht um einen Vergleich oder gar eine Wertung. Jedoch geht der Inhalt der „drei heiligen Geheimnisse" weit über das dogmatische, oft starre Denken der heutigen Religionsformen hinaus. Jeder kritische Mensch wird empfinden, wie weit sich die Religionen von der Urform der Religionsstifter entfernt haben.

So erfährt der Leser in diesem Buch den tieferen Sinn und die Zusammenhänge der feinstofflichen Körper sowohl im irdischen als auch im nachtodlichen Leben.

Welche Rolle spielt das Unterbewusstsein im Alltag und bei der Lebensbewältigung und welche Formen der Selbstsabotage können ein ganzes Leben trotz guter Anlagen empfindlich stören und sogar vernichten?

Spannend werden auch die Ebenen der verschiedenen Energiekörper mit ihren vielfältigen Auswirkungen an praktischen Lebensbeispielen erläutert.

Das Buch beinhaltet aber mehr als nur Theorie über den Sinn des Lebens und den wahren Lebensauftrag jedes Menschen. Es bietet dem willigen Geist auf der Grundlage tiefer Religiosität auch ganz pragmatische Hilfen an, die immer mit einer Herzöffnung in Liebe und Freiheit verbunden sind.

So möge der Leser nach der Lektüre seinen geistlichen Gewinn aus den gewonnenen Erkenntnissen dieses Buches ziehen und es zu einer Richtschnur seines inneren Lebens machen, immer in Übereinstimmung mit seinem freien Willen.

Gott ist Liebe - und wie die Autorin immer wieder betont -, Licht, das keine Schatten wirft.

Die göttliche Allmacht wartet stets geduldig, bis der Mensch die tiefe Sehnsucht in seinem Herzen erkennt, sich auf die wahren Werte besinnt und den ersten Schritt auf diesem Weg unternimmt.

Das Gleichnis vom verlorenen Sohn zeigt überdeutlich, dass gerade die scheinbar verlorenen Seelen dem Herzen Gottes besonders nahe sind und grosse Freude im Himmelreich auslösen.

Welch' wunderbare, tröstende Verheissung!

Wolfgang Auer
Theosoph K.d.L.

Foto: © Urs Grunder, Bern, Schweiz

Menschliches Schicksal

Angelina lebt in einem landschaftlichen Paradies. Gedankenverloren sitzt sie auf der Holzbank in der Abendsonne. Vor ihren Füssen weit unten im Tal glitzert der See im goldenen Hauch der untergehenden Sonne. Ihr gegenüber funkeln drei Bergfürsten des Schweizer Alpgesteins im majestätischen Glanz. Abwesend starrt Angelina vor sich hin. Mit unbeschreiblichem Farbenspiel verzaubert das Abendrot die weissen Gipfel. Fast könnte man meinen, die Natur versuche mit aufdringlicher Schönheit jedermann in ihren Bann zu zwingen. Selbst begnadete Dichter und Maler empfinden ihre Künste als armselig, wenn sie dieses Schauspiel darstellen möchten.

Angelina wird von vielen beneidet, dass sie in so wunderbarer Aussichtslage leben darf, die für andere ein heissersehntes Ferienziel darstellt. Sie müsste glücklich oder mindestens dazu fähig sein, in diesem Naturparadies täglich aufzutanken. Selten gelingt es ihr. Wenn das Seelenbewusstsein krank ist, können materielle Mittel nicht heilen, denn die Seele gehört nicht der natürlichen Welt an.

Heute hat Angelina keine Augen für die Schönheit, welche sie umgibt, sie weint und ist in ihrem persönlichen psychischen Leid versunken. Immer drängender und lauter wird ihre lockende, betörende innere Stimme: „Du brauchst Ruhe, musst vergessen, es ist zu viel, trinke, ruhe, schlafe…". Diesem zwanghaften Befehl der Sucht kann sie sich nicht entwinden. Alles in ihr wird kalt, hart, unbarmherzig, hässlich, leblos, sie fühlt nur Müdigkeit…

Mechanisch greift ihre Hand zur Flasche, sie trinkt und ist willenlos. So gerne möchte sie alles vergessen, die Zerschlagenheit loswerden. Sie schüttet immer mehr Hochprozentiges in sich hinein, bis sie nicht mehr weiss, wie sie ins Bett gekommen ist. Die nächsten zwei, drei Tage wird sie nicht ansprechbar sein, sie wird die Türe verschliessen, sich verkriechen, wie so oft. Kein Poltern an der Türe, keine Telefonklingel wird ihre selbsterschaffene Schallmauer durchdringen können. Durch ihre Feinfühligkeit hat sie sich zu viele Energien aufgeladen, in ihr toben emotionale Stürme. Traurigkeit, Sinnlosigkeit und bleierne Müdigkeit bilden das Gefühlschaos, dem sie entfliehen will. „Es sind diese

Geister, die mich verführen und gefangenhalten, zuerst erscheinen sie wie Engel und später zeigen sie ihre Dämonenfratzen", beschreibt sie solche Momente. Sie weiss nicht, warum diese Teufelsfratzen erscheinen, sie tut nichts Schlechtes. Sie möchte doch nur den Menschen helfen, sie trösten, ihnen aufzeigen, dass die Toten nicht wirklich tot sind. Leid heilen, Schmerzen lindern, Handauflegen, sie hat sich doch stets mit den himmlischen Energien verbunden. Sie meint, es sei nicht die Sucht, welche diese Abstürze provoziere, zuerst komme immer die Depression, dann wisse sie nicht weiter und trinke. Sie wisse nicht, warum das so sei.

Sie kennt das heilige Geheimnis nicht.

Angelina war als Kind sehr sensibel, als Tochter einer Bergbauernfamilie musste sie hart arbeiten, wie alle anderen Familienmitglieder. Sensibilität galt als Schwäche, sie war unerwünscht. Trotz allem hatte sie eine gute Kindheit. Später, als Erwachsene, lernte sie einen bodenständigen Beruf und richtete sich ein kleines Unternehmen im Haus der Eltern, welches inzwischen ihr eigenes ist, ein. Sie traf einen netten Mann, mit dem sie bald 30 Jahre verheiratet ist. Ihre drei Kinder sind alle wohlgeraten und haben das Zuhause verlassen.

Ihre Sensibilität war ihr lange Zeit lästig, doch diese liess sich nicht unterdrücken. Je leichter ihre Familienpflichten waren, desto unruhiger wurde sie. Heute weiss sie, dass sie nicht nur sensibel, sondern auch sensitiv ist. Sie hat Fähigkeiten, die nicht allen Menschen geheuer sind. Und doch wird sie immer wieder von Hilfesuchenden belagert. Sie hat zahlreichen Lebewesen geholfen. Mit ihrer Heilkraft hat sie physische und psychische Schmerzen gelindert. An ihrem Wohnort gibt es nur wenige Auserwählte, welche von ihrer Begabung wissen. Geistiges Heilen mag ja langsam salonfähig werden, trotzdem glauben nicht alle daran. Auch paranormale[1] Phänomene kennen inzwischen viele vom Fernsehen und aus anderen Medien. Wenn eine bekannte Filmschauspielerin Kontakt mit Verstorbenen hat, muss man ja nicht daran glauben, aber wenn im eigenen Dorf jemand so etwas macht, wird es unheimlich.

---

1 Para=höher, über; paranormal= über der Norm

Angelina fühlt sich unverstanden, auch ihr Ehemann entfremdet sich ihr zunehmend. Schleichend nähert sich das Unheil und plötzlich ist der Crash da - Scheidung. Wie ein Kartenhaus fällt die scheinbar gute Partnerschaft zusammen, beide wissen, dass sie sich seit einiger Zeit etwas vorgemacht haben. Noch vor ihrem fünfzigsten Geburtstag verlässt ihr Mann das gemeinsame Heim. Angelina ist nun allein. Zum Glück leben beide Eltern nicht weit entfernt von ihr. Die drängende Stimme der Sucht ist Angelinas langjährige treueste Begleiterin. Bis vor der Trennung erlag sie ihr aber nur in grossen zeitlichen Abständen. Die Falle baute sich immer nach demselben Muster auf; zuerst fiel sie ohne erkennbaren Grund in depressive Stimmung und danach folgte der Griff zur Flasche. Deshalb redet sie sich ein, nicht abhängig, nicht süchtig, sondern "nur" depressiv zu sein. Ihre Suchtabhängigkeit ist nicht öffentlich bekannt. Angelina ist sehr hilfsbereit, für sich selbst nimmt sie jedoch keine Hilfe an. Sie ist der Ansicht, sie brauche weder Psychologen noch Suchttherapien. Sie ist überzeugt, dass sie ihre Probleme mit positivem Denken und ihren guten Verbindungen zum Jenseits selber lösen kann.

Sie will sich selbst heilen.

Zu ihrer Mutter hat sie ein ausgesprochen gutes Verhältnis, sie ist ihr Stütze, versteht, akzeptiert die Tochter. Angelinas beste Freundin ist Naturärztin und ermunterte sie seit Jahren, ihre besonderen Fähigkeiten in den Dienst der Menschheit zu stellen und ihre Arbeit im eigenen Unternehmen etwas zu reduzieren. Mit ihrer Hilfe hatte sich Angelina vor einiger Zeit für die geistige Welt und ihre subtilen Energien geöffnet. Seither hilft sie anderen Menschen erfolgreich mit energetischem Heilen. Sie hat medialen Kontakt mit Verstorbenen oder unstofflichen Helfern. Ermuntert durch die Erfolge will sie sich selbst heilen und endlich ihre jahrelange Depression in den Griff bekommen. Je weiter sie sich mit dem Jenseits einlässt, um so mehr muss sie erfahren, wie strapaziös dieser Weg ist. Trotz ihrer steten Hilfsbereitschaft für andere in schwierigen Lebenslagen gilt sie als Esoterikerin, Spinnerin, psychisch Kranke. Sie bleibt einsam und unverstanden. Ihre Naturärztin muss sie immer wieder homöopathisch stützen und kann dadurch Abstürze verhindern. Auch sie kennt das erste Geheimnis nicht.

Überraschend stirbt Angelinas Mutter. Ein wichtiger Halt geht verloren. Sechs Monate später verlässt auch die Freundin unerwartet plötzlich die menschliche Existenz, sie war im besten Lebensalter. Angelina sucht Trost - der Griff zur Flasche wird häufiger - bald kann er nicht mehr versteckt werden. Angelina versinkt im Sumpf, sie verbringt immer mehr Zeit in Entzugskliniken. Doch ihr Leidensweg ist noch nicht zu Ende. Eines Morgens brennt ihr Haus lichterloh und bis die Feuerwehr eintrifft, sind das Wohnhaus und ihr Betrieb ein Raub der Flammen geworden. Brandursache unbekannt. Angelina war abwesend, statt ihres Heimes findet sie bei ihrer Heimkehr nur noch eine schwelende Brandruine. Nicht einmal der finanzielle Ruin bleibt ihr erspart. Durch ihre Ausfälle ist viel liegengeblieben, lange Zeit auch die Rechnungen und Mahnungen der Versicherungsprämien, was sich nun bitter rächt. Keine Versicherung kommt für den Schaden auf. Innerhalb von nur vierundzwanzig Monaten hat Angelina buchstäblich alles verloren. Nach dem letzten Entzug beschliesst sie ihrer Sucht endlich die Stirne zu bieten. Erstmals seit mehr als zwanzig Jahren anerkennt sie ihre Alkoholabhängigkeit und will sie beenden. Mit göttlicher Hilfe will sie die Sucht-Programmierungen ihres Unterbewusstseins transformieren. Sie entschliesst sich zum Weg der Exerzitienmeditation. Doch, in diesem Leben ist es zu spät. Ihr Herz macht nicht mehr mit. Im besten Lebensalter bleibt es eines Morgens unter Qualen für immer stehen. Auch ihre Todesangst hatte sie nicht erkannt. Ihr Tod kam unerwartet und zu schnell.

Stunden, Tage, Wochen, wie schnell fliegen sie dahin, werden zu einem alles verzehrenden Wirbel, immer enger schnüren sie des Menschen Brust ein, zerdrücken sein Herz und das Leben. Masslos wächst die Angst: bleibt noch genügend Zeit...?

Es ist diese Angst vor dem Ende, welche die Welt regiert. Sie ist verpönt, darf sich nicht zeigen, wird ins Schattendasein verdrängt und dort wird sie unkontrollierbar. Sie maskiert sich in millionenfacher Art, kaum ein Mensch wagt ihr ins Gesicht zu sehen. Trostlos. Hoffnungslos. Angst hält die Welt im Griff. Sie macht das Sterben qualvoll und schwer. Naturwissenschaft meint, beim Tod erlischt alles, nichts bleibt, der Mensch wird restlos ausgelöscht, verwest. Und dieses grausame Ende erwartet uns alle?

Warum entscheiden sich intelligente Lebewesen an dieses derzeit herrschende Weltbild (Paradigma) zu glauben, es für wahr zu halten? Ein Paradigma ist eine wissenschaftliche Lehrmeinung, eine Denkweise, die zur Weltanschauung *gemacht* wird. Es kann nicht die absolute Wahrheit sein, denn Wahrheit ist immer subjektiv. Philosophen, Naturvölker und alte hochstehende Kulturen vertreten unterschiedliche Paradigmen. Die Quantenphysiker schauen über die Begrenzungen der Naturwissenschaft hinaus, ebenso die Geisteswissenschaftler. Nur weil diese kaum universitäre Lehrstühle haben, will das nicht heissen, dass ihre Forschungsresultate falsch sind. Ihre Anhängerschaft ist gross und in einigen Jahren werden wahrscheinlich staatliche Universitäten ihre Forschungsergebnisse auch lehren. Das zur Zeit geltende naturwissenschaftliche Weltbild der Industrienationen ist falsch.

Das Bewusstsein lebt weiter

Der Bestseller-Autor Gregg Braden gehört zu den neuen Zukunfts-Forschern. Der amerikanische Computer-Geologe forscht seit über 25 Jahren in abgelegenen Bergdörfern, in alten Klostertexten, nach dem Wissen der Ahnen der indigenen Völker[2]. In verschiedenen Universitäten werden weltweit Proben des Polareises von Grönland untersucht. Dabei wird nach Spuren vergangener Lebensarten gesucht. Gestützt auf diese Forschungsresultate beantwortet Braden die folgenden Fragen neu:

> *Woher stammt das Leben, insbesondere das menschliche Leben? Welche Beziehung hat das menschliche Bewusstsein zu seinem Körper, zur Umwelt und zur Vergangenheit? Wie können heutige Weltprobleme gelöst werden?*

Braden bezeichnet die wichtigsten Grundannahmen, auf welcher die wissenschaftlichen Erkenntnisse der letzten 300 Jahre basieren, als falsch und beantwortet damit auch die Frage, ob Bewusstsein nach dem Ableben tot sei. Er zeigt auf, dass der Ursprung des Lebens und speziell des menschlichen Lebens nicht

---

2   Zu ihnen gehören u.a. die Indianer Nord- und Südamerikas, die Inuit der Polarregion, die Sami in Nordeuropa, die Aborigines in Australien, die Maori in Neuseeland, aber auch gut die Hälfte der Bevölkerung Boliviens, Guatemalas und Perus.

zufällig sei. Letzteres könne zudem durch die Evolutionslehre nicht erklärt werden. DNS-Proben hätten ergeben, dass die heutige Menschheit definitiv *nicht* vom Neandertaler abstammt. Weder der Mensch noch sein Bewusstsein seien von der physischen Welt getrennt und stehen in Wechselwirkung mit anderen Lebewesen und mit der Umwelt. Bewusstsein sei nicht physischer, sondern energetischer Natur, komme von aussen, vom intelligenten Feld (Matrix, Gott) und könne folglich auch ausserhalb der Materie existieren und lebe nach dem Tod weiter. Der Raum zwischen den Dingen sei nicht leer. Die menschliche Zivilisation sei viel älter, als die bisher anerkannte Spanne von ungefähr 5'500 Jahren. Ihre Entwicklung verlaufe nicht linear, sondern zyklisch. Die Natur basiere nicht auf Wettkampf, nicht auf dem Prinzip „Überleben des Stärkeren". In seinem Buch „Tiefe Wahrheiten" stellt Braden die Fakten dar, welche die fünf derzeit geltenden naturwissenschaftlichen Falschannahmen widerlegen[3]. Der Autor, dessen Bücher weltweit in 17 Sprachen übersetzt wurden und der bei seinen Konferenzen Tausende von Menschen überzeugt, ist der Meinung, dass die Ursache der heutigen Weltkrisen in Wahrheit eine tiefe Krise des menschlichen Denkens sei.

Um diese Krise zu meistern, braucht es grundlegend neue Informationen, wie es ausser Braden von Forschern wie Bruce Lipton: Die Intelligenz der Zellen, wir sind von unserer DNS gesteuert, Dieter Broers: (R)evolution 2012) oder dem Kinofilm: „What the Bleep do we (k)now?" (Ich weiss, was ich nicht weiss, neue Forschungen der Quantenphysik) und vielen anderen angeboten wird. Sie alle bieten Lösungsansätze, sind sich aber einig, dass wir in einer Welt der Extreme leben. Diese Situation wurde aber nicht von den Menschen verursacht (auch nicht die Klimaveränderung), sondern ist die Folge eines kosmischen Zykluses, welcher den Ahnen bekannt war. Gregg Braden hat mit seinen Forschungen aufgezeigt, dass die Ahnen verschiedener Kulturen Hinweise und Wissen überlieferten, welches durch neueste Forschungen teilweise bestätigt und bewiesen wird. Das HeartMath-Institut[4] forscht beispielsweise über die Herzaktivität und zeigt auf, dass das elektrische Feld 100 mal und das elektromagnetische Feld des

---

[3] Gregg Braden, „Tiefe Wahrheiten", S. 58 ff, Koha-Verlag, 2011

[4] HeartMath USA, 1991 in Kalifornien als Non-Profit Organisation gegründet

Herzen 5'000 mal stärker ist als dasjenige des Kopfes. Unsere Ahnen konnten sich mit seiner Hilfe mit dem Erdmagnetfeld verbinden und mächtige Veränderungen und Heilungen bewirken. Es wurde zudem erkannt, dass das Herz ein neuronales Gedächtnis und eigene Intelligenz besitzt, deshalb sprachen die Ahnen von der Herzweisheit, vom Herzwissen. HeartMath entwickelte verschiedene Messgeräte, um mit ihrer Hilfe die Kohärenz des Herzfeldes zu erkennen und Stress abzubauen.

Es gibt einen einfachen Weg sich mit dem starken Herzfeld zu verbinden, die Hand aufs Herz legen und Gefühle der Liebe, Dankbarkeit oder Fürsorge im Herzen *spüren*. Das ist die Gegenkraft, welche die heutige, weltweite Angst auflöst. Diese Liebe löst auch die Todesangst auf. In unserer Kultur hat der Prophet Jesus Christus diese Liebe und das ewige Leben gelehrt. Er hat vom Gottesreich erzählt, das nur aus Liebe besteht. Was ist damit gemeint? Sich umarmen, sich streicheln, gern haben, zusammen sein? Ja auch, aber da ist viel - viel mehr: Das Gottesreich ist eine Gemeinschaft von intelligenten, bewussten Wesen, welche sich lieben, akzeptieren, respektieren, miteinander, füreinander da sind. Gott ist die Gesamtheit der Existenz, er ist der Mittelpunkt, der Ruhepunkt. Jedes einzelne Lebewesen gehört zu ihm, keines ist getrennt oder ging verloren, niemand ist vergessen oder verstorben. Geschöpfe der Liebe sind überall, in allen Dimensionen, auf der Erde, im Jenseits, auf anderen Welten. Alle Wesen sind beseelt und die Seelen leben ewig, sie sind Energie und diese löst sich nicht auf, stirbt nicht. Der Sitz der Seele ist im Herzen und kann nicht mit blossem, intellektuellem Denken, sondern mit dem Bewusstsein, dem Gewahrwerden erreicht werden, indem der Mensch sein Herzfeld, seine Liebe im Herzen *fühlt* und nicht bloss daran denkt. Das ist der Weg zur Seelenverbindung.

Ist die Seele nur menschlich? Nein, sie ist die unsterbliche, göttliche Energie, die Liebe, welche alle Schöpfungsreiche durchdringt. Auch Tiere sind beispielsweise beseelte, fühlende Wesen. Besitzt nur der Mensch die Todesfurcht? Je enger die Verbindung zwischen Menschen und Tieren ist, um so mehr lernen Tiere auch Ängste, doch Todesangst haben sie nicht. Sie sind vom geistigen Reich nicht abgespalten, ebenso wenig wie Kleinkinder während der ersten sechs Lebensjahre, solange ihr Intellekt noch nicht entwickelt ist. Angst ist ein Produkt des Intellektes. Gehört der Intellekt zur Materie oder zum Geist? *Diese Frage ist Gegenstand des ersten Geheimnisses.* Geistige Sicht kennt keine Todesangst, sie kennt das ewige Leben. Doch was heisst überhaupt Leben, was ist Bewusstsein? Was sagen die alternativen, geisteswissenschaftlichen Forscher dazu?

Geisteswissenschaft erkennt das Kleid

Wie die neuen, erwähnten Wissenschaftszweige zeigen, gibt es neben der Naturwissenschaft, die mit ihrer Lehrmeinung unser Weltbild beherrscht, noch andere ernsthafte Forschungskreise. Sie sind in den staatlichen Hochschulen und Universitäten kaum vertreten, doch das bedeutet nicht, dass sie weniger wissenschaftlich oder unglaubwürdiger sind. Weltanschauliche Gründe, politische Vorurteile, fehlende Finanzen drängen sie in den Hintergrund, ins Abseits der Medienwirksamkeit, geisteswissenschaftliche, bewährte Forscher genau so wie die modernsten Wissenschaftler, welche die Falschannahmen der heutigen Wissenschaft nicht mehr mittragen.

Theosophische und anthroposophische Gelehrte wie Helena Petrovna Blavatsky, Emanuel Swedenborg, Charles Webster Leadbeater, Anni Besant, Giordano Bruno und Rudolf Steiner sowie zahlreiche andere grosse Forscher waren Geisteswissenschaftler. Ihre Arbeitsresultate wurden ebenso gewissenhaft erarbeitet und tabellarisiert, wie es bei der Naturwissenschaft üblich ist. Viele von ihnen arbeiteten einsam und waren isoliert. Dank der heutigen Vernetzung des Wissens können ihre Arbeiten nun gemeinsam erfasst werden. Obwohl sie nicht in allen Punkten derselben Meinung sind, zeigen ihre geisteswissenschaftlichen Forschungen doch ein erstaunlich ganzheitliches Bild. Der Umstand, dass sie verschiedene Ansichten haben, spricht für sie. Auch in der Naturwissenschaft sind sich die grossen Forscher nicht immer in allen Punkten einig. Die geisteswissenschaftlichen Forschungsresultate stellen eine Erweiterung unseres falschen Weltbildes dar und decken sich im übrigen mit vielen altchristlichen Angaben. Diese erklären ihren Gläubigen, dass der Mensch eine unsterbliche Seele besitzt. Die heutigen, diesbezüglichen Lehren der christlichen Landeskirchen sind allerdings in diesem Bereich meistens geheimnisvoll, unklar, nebulös, sie wollen sich nicht zu weit von der Naturwissenschaft entfernen.

Trotzdem erscheinen die vermittelten Glaubensbotschaften „unwissenschaftlich", so dass viele sie ablehnen und eher der „bodenständigen", eingeschränkten Naturwissenschaft vertrauen. Die geisteswissenschaftlichen Forscher haben Beweismaterial erarbeitet, welches über materielle Grenzen hinausführt und klar nachweist, dass der Mensch ein Geistwesen (Seele) ist und Energiekörper besitzt. Der leibliche Körper ist bloss sein Kleid. Mit dem Tod legt der Mensch diese Bekleidung ab, er erscheint daher nicht mehr in gewohnter Weise. Er hat den stofflichen Leib verlassen, und lebt nun in seinem natürlichen Energiekörper. Dieser trägt die Züge und Merkmale des physischen Leibes, er bildet sich, wenn das Bewusstsein den Körper verlässt. Der physische Tod ist somit nicht das Ende des Menschen, dieser lebt in einer anderen Daseinsform weiter. Die Bibel erwähnt einen „zweiten Tod", in beiden Fällen meint sie damit nicht das Lebensende: Der erste Tod entspricht der geistigen Unwissenheit, der zweite Tod meint das Verlassen der göttlichen Einheit. Die Bibel verspricht ewiges Leben. Solange der Mensch sich nicht bewusst ist, dass er mehr als die physische, irdische Persönlichkeit[5] ist, plagt ihn Todesangst, er schläft geistig. Tod und Schlaf haben viele Gemeinsamkeiten, deshalb sagte Jesus, als einer seiner Jünger an einer Begräbnisfeier teilnehmen wollte:

> „...lasst die Toten ihre Toten begraben..."

Er meinte mit den ersten Toten die geistig schlafenden, unbewussten Menschen, jene, die sich weder ihres Unterbewusstseins noch des Samens ihres Seelenkörpers bewusst sind und diesen nicht entwickeln. Die Mehrheit der heutigen Menschen schläft geistig, ist sich dessen aber selten bewusst.

Wie es der Fall von Angelina zeigt: Sie hatte immer wieder den spirituellen Weg und die Seelenverbindung angestrebt, kannte jedoch ihr Unterbewusstsein nicht. Sie war sich nicht bewusst, wie sehr ihre PSI-Fähigkeiten ihre unbewussten Angstprogrammierungen verstärkten und den Weg zur Liebe boykottierten oder verhinderten. Zeitlebens hatte sie grosse Widerstände gegen alle kirchlichen Lehren und bemerkte nicht, dass diese Widerstände sie energetisch beeinflussten, weil sie im geistigen Bereich nicht

---

5   Persönlichkeit meint auch immer Ego

mehr neutral sein konnte. Ihre bewusst angestrebte Seelenverbindung war nicht etabliert. Angelinas Seele erkundet die heiligen Geheimnisse, Dank der Gnade, nun in der geistigen Welt, bei der göttlichen Quelle des Wissen, des Friedens und der Freiheit. Kann das Bewusstsein nach dem Tod bewusst noch etwas erfahren, Wissen aufnehmen und dieses später verwerten? Existiert die Wiedergeburt?[6] Ja, denn welcher Mensch hat in seinem Kleiderschrank nur ein einziges Gewand? Was wir als Leben bezeichnen, ist, aus geistiger Sicht, nur ein einzelner Tag von der Existenz der Seele. Die Ahnen wussten: Der physische Körper ist bloss das Kleid der Seele. Also muss es zudem eine Seelenentwicklung geben; dieses Thema wird Gegenstand des zweiten Geheimnisses sein. Selbst diese tröstliche Idee löst bei heutigen, unbewussten Menschen Ängste aus, weil jene, die derzeit ein erträgliches Leben haben, befürchten, sie könnten nur in schlimmeren Umständen wiederkommen, da die Welt ja immer schlechter werde. Diese Vorstellungen entstehen aus mangelhaftem Wissen und sind beschränkt. Wie sind sie eigentlich entstanden?

Behauptungen oder wahres Wissen?

Viele Menschen glauben, dass sie eine Seele haben, aber ob sie wirklich unsterblich sei, ist ungewiss. Die wenigsten wissen, dass Bewusstsein den Körper verlassen und sich als natürlicher Energiekörper zeigen kann, obwohl es geisteswissenschaftlich schon lange bewiesen ist und es auch die modernsten Forscher mittlerweile für möglich halten. Dass der Mensch zudem noch einen bewussten Seelenkörper - mit dem freien Willen ausgestattet - hat, glauben nur religiöse Menschen. Warum sind diese Themen nicht Allgemeinwissen und gehören zu universitären Lehrmeinungen? Ist es das Dilemma: Glauben versus Wissenschaft? Ist Uni-Wissen wirklich immer beweisbar und messbar? Jedes Paradigma stützt sich auf Forschungsresultate und diese entstehen auch aus Annahmen und Behauptungen (Glaubenssätzen), welche sich erhärten, weil sie wiederholbar sind und tabellarisch erfasst werden können. Warum sind kirchliche Botschaften, die die Grundsätze der Religion lehren und seit Generationen verkündet werden, weniger glaubwürdig? Wie ist es mit dem Wissenschaftler, der unter dem Mikroskop eine bisher unbekannte

---

6   siehe die Lehre von Origenes auf Seite 38

Zellfunktion entdeckt, dafür den Nobelpreis und wissenschaftliche Anerkennung erhält? *Sind das alles Beweise oder Behauptungen?* Wie oft musste die Naturwissenschaft ihre Resultate, die als Sensation veröffentlicht wurden, später revidieren? Wie manches Bischofskonzil hat biblische Aussagen angepasst? Wo liegt der Unterschied zwischen Wissenschaft und Religion? Dem Zeitgeist entsprechende Ansichten stützen sich nicht nur auf Wissen, sondern auch auf Annahmen und Behauptungen, welche mit der Zeit durch neue Forschungen oft widerlegt werden. Alle, auch die Wissenschaft, arbeiten mit Glaubenssätzen; Wahrheit ist immer subjektiv. Je nach Bewusstsein kann der Mensch sie erkennen, oder er lehnt sie ab. Die Frage vom Leben nach dem Tod ist zu wichtig, als dass sie nur aus einseitiger Sicht betrachtet werden darf, nur weil die naturwissenschaftliche Lehrmeinung populärer ist als andere und sie das Jenseits nicht wahrhaben will.

Übersinnliche Wahrnehmungen

Der Träger des Kleides, der natürliche Energiekörper, kann in der Regel nur übersinnlich wahrgenommen werden. Angelina besass paranormale[7] Kräfte, auch PSI-Fähigkeiten genannt. Viele Menschen streben danach. Angelina sind sie zum Verhängnis geworden, sie ist daran zerbrochen. Statt ihr zu helfen, haben sie ihr Leben schwieriger gemacht, sie war dadurch hochsensibel und konnte sich nicht abgrenzen. Sie erkannte ihr Talent bereits in den guten Jahren, als ihr Leben noch in Ordnung war. Damals betrachtete sie die übersinnlichen Fähigkeiten als störende Sensibilität und Sensitivität, erst später merkte sie, dass sie auch andere Seiten haben. Trotzdem wagte sie es nie, für ihr erweitertes Weltbild einzustehen. Sie hoffte stets auf Anerkennung durch ihre Mitmenschen. Diese erhielt sie nicht, trotz ihrer Hilfsbereitschaft. Weil sie das erste Geheimnis nicht kannte, konnte sie die paranormalen Gaben zwar einsetzen, schützte sich jedoch zuwenig und konnte sich selbst trotz ihrer Heilerfähigkeiten nicht helfen. Sie las Bücher, diskutierte mit Menschen, besuchte Ausbildungen und Kurse und kam trotzdem nicht weiter, da sie nur das bewusste Denken beachtete. Immer wieder plagten sie diffuse innere Ängste und negative Emotionen. Erst viel später tauchten diese Zustände auch als Folge des

---

7   para=über, paranormal=über der Norm

Drogengenusses auf. Ihre Alkoholabhängigkeit entwickelte sich schleichend. Lange Zeit versuchte sie dies zu verheimlichen und zu unterdrücken. Danach wandte sie ihre übersinnlichen Fähigkeiten an, aber ohne die eigenen negativen Programmierungen in ihrem Unterbewusstsein zu erkennen. Sie wusste nicht, dass diese unbewussten Emotionen durch ihre erweiterte Wahrnehmung unbemerkt verstärkt wurden. Deswegen verfiel sie immer mehr in Angstzustände und depressive Stimmungen. Sie benutzte ihre PSI-Kräfte ungefähr so, wie jemand, der sich ein Auto kauft, es in Besitz nimmt, damit im Stossverkehr losfährt, jedoch weder Fahrkenntnisse noch einen Führerschein hat. Ihr bewusstes Denken meinte, sie sei längst auf dem spirituellen Weg. Die Emotionen im Unterbewusstsein sendeten jedoch mit der Kraft des Herzfeldes und waren somit 5'000 mal stärker, auch wenn sie nicht bewusst waren. Durch ihre Widerstände gegen die Kirche hatte ihr Unbewusstes vor allem Angst und kam dadurch nicht in die Liebe der Seelenverbindung. Ihr Alltag zeigte, dass sie nur *dachte*, sie sei auf dem spirituellen Weg.

Viele heutige Menschen denken sich Gefühle aus und merken nicht, dass dies nur im Kopf geschieht und im Unterbewusstsein ganz andere Emotionen vorherrschen. PSI-Fähigkeiten können, ohne dass der Betroffene es bemerkt, unbewusste Emotionen enorm verstärken.

Natürliche und geistige PSI-Kräfte

Sind denn diese PSI-Talente gefährlich, sind sie magisch, manipulieren sie die Menschen? Nein, denn sie sind vollkommen natürlich und wurden seit jeher von Menschen angewandt. Sie bedeuten lediglich, dass gewisse Menschen mit ihren fünf Sinnen höhere Schwingungen wahrnehmen können als die Norm. So wie ein Hund die Töne der Hundepfeife wahrnimmt, die für das menschliche Ohr unhörbar sind. Die PSI-Kräfte können auch in geistige Bereiche führen. Frühere Kulturen und Naturvölker wussten mehr darüber, ihr Bewusstsein war nicht so unfokussiert, wie das der heutigen Menschen. Nicht die PSI-Kräfte sind die Ursache von Problemen, sondern einseitiges Denken. Wie Gregg Braden mit den modernen Falschannahmen aufgezeigt hat, meint die Naturwissenschaft, Bewusstsein sei ein

Teil des Körpers und nicht von der physischen Existenz getrennt. Diese falsche Vorstellung ist der Hauptgrund der allgemeinen geistigen Verwirrung. Seit jeher lehren die Mystik und altes Generationenwissen, dass zuerst der Geist, die Seele, das Bewusstsein existiert, welches sich mit dem materiellen Körper verbindet, aber auch ausserhalb davon leben kann. Materie erzeugt nicht Geist, sondern sie ist aus Geist, „verdichteter Energie", entstanden. Das heutige unvollkommene, materialistische Denken hat weitgehende Konsequenzen. Die weltweite panische Angst vor dem Tod, dem Ausgelöscht werden, dem Staubkorn auf dem Sandkorn zu sein, ist nur eine davon, die schwache Kraft des bewussten Denkens entstand auch dadurch. Der Verlust der energetischen Verbindung mit der Göttlichkeit ist jedoch das Hauptproblem. Dadurch entsteht ein Energiemangel und der Verlust der seelisch/geistigen und damit auch der körperlichen Gesundheit, trotz Spitzenmedizin. Deswegen sind viele Menschen unglücklich, leer, krank, hohl, haltlos und vegetieren, statt zu leben. Sie sind bloss schwache Abbilder von dem, was sie sein könnten. Dem gängigen Weltbild fehlen neunzig Prozent der Existenz, es ignoriert sie. Der Mensch meint, er erfasse mit seinem bewussten Kopfdenken, welches 100 bis 5'000 mal schwächer ist als seine meist unbewusste Gefühls- und Emotionalkraft, seine Umgebung und seine Welt. Nur das Herzfeld, welches eine Intelligenz des Herzens, ein neuronales Gehirn besitzt, nimmt die hochgeistigen Schwingungen, die Magie, den energetische Schutz und die paranormalen Fähigkeiten wahr. Statt in der geistigen, seelischen Einheit der Intelligenz des Herzens, der Seele im Innern, zu ruhen, ist der Mensch im Wettkampf seines Bewusstseins gefangen. Sein Denken möchte etwas erreichen, gelingt es nicht, meint er, die (äussere) Materie sei zu stark, als dass sie verändert werden könne. Selten bemerkt er, dass der Grund seines Misserfolges bei ihm selber liegt. Meistens ist ihm dies nicht bewusst, weil sein intellektuelles Denken eingeschränkt ist und weder seine eigene Psyche, sein Unterbewusstsein, noch seine Seelenimpulse, seine Herzgefühle, kennt. Die weltweiten Kriege, welche heute aus ideologischen, wirtschaftlichen Gründen geführt werden, finden täglich unbewusst im Inneren des Menschen statt. Der Verstand, das intellektuelle Denken, will etwas und merkt nicht, dass es von seinen eigenen unbewussten Gefühlen sabotiert wird. Die Widerstände erscheinen ihm als äussere Blockaden, als Schicksal, der Mensch merkt nicht, dass seine Absicht vom eigenen Unterbewusstsein untergraben wird. Seine mehrheitlich unbewussten Gefühle und die bewussten Gedankenimpulse bekämpfen sich ebenso, wie die Nationen im Aussen, nur mit anderen Waffen. Da Gedanken und Gefühle Energieformen sind, wirken diese auf das Bewusstsein, allerdings meistens im unbewussten Bereich. Da das magnetische Herzfeld sich 3-5 Meter um den Menschen ausdehnt und sich ständig mit anderen Lebewesen und der Umwelt austauscht, hat dieser emotionale, energetische Bereich einen Namen, man bezeichnet ihn als „Astralwelt". Die Astralwelt ist bevölkert von energetischen Energieformen und Gedankenmustern, die anhaften oder beeinflussen können, wenn der Mensch nur im Kopfdenken lebt. Das Verstandesbewusstsein meint, dass Geister- und Dämonenglauben zu einem überholten Weltbild gehören, dass ihre Energie nicht mehr existiere. Das stimmt nicht, denn Energie vergeht nicht, sie kann bloss transformiert werden.

Die Astralenergien können sich als Ängste, Schuldgefühle, Mangelbewusstsein, Hass, Aggressionen manifestieren. Im eigenen Unterbewusstsein sind sie durch falsche frühkindliche oder vorgeburtliche Programmierungen entstanden. Diese Energien werden am Leben erhalten, da das Verstandesbewusstsein nicht merkt, dass sie in seinem eigenen Unterbewusstsein, seiner Psyche, aktiv sind. Diese Energieformen der niederen Astralwelt sind energetisch viel stärker als die Gedanken des Verstandesbewusstseins, sie operieren mit der Kraft des Herzfeldes, äussere, fremde, gleichgesinnte Energieformen können sich ihnen andocken und sie verstärken. Viele Menschen sind ihrer nicht gewahr, sie projizieren sie ins Aussen und erkennen sie nur bei anderen Menschen. Statt dass sie in den Tiefen der Psyche, mit dem bewussten Herzfeld, durch die Seele, mit Hilfe des Heiligen Geistes erlöst werden, will der Mensch sie mit dem Verstand, mit seiner schwachen Gedankenkraft „bekämpfen" oder durch magische Rituale entfernen. Und er scheitert dabei kläglich, da ihm meistens nur ein Teil seines Bewusstseins, das Kopfdenken, zur Verfügung steht, dadurch kann er sie gar nicht allumfassend wahrnehmen. Oft verschiebt er durch seine Massnahmen die Energien bloss tiefer in das Unterbewusstsein oder verstärkt seine unbekannten Programmierungen. Sie sind zwar dann versteckt, wirken jedoch in unverminderter Stärke weiter. Auch Magie kann sie nicht auflösen, sie ist Teil der materiellen Astralwelt und Materie kann sich selbst nicht verändern, ihre Energie ist dazu zu schwach. Nur der Geist, welcher über der Materie steht, die göttliche Lichtfülle, kann sie wandeln. Die menschliche Verbindung dazu liegt im Inneren des magnetischen Herzfeldes, bei der Seele.

Der innere, unbewusste Mensch wird von der Schöpfungskraft geläutert und das ist das Geschenk der göttlichen Gnade. Diese wird allen zuteil, wenn es der freie menschliche Wille zulässt. Die Gnade kann nicht erzwungen oder erkauft werden. Der wahre Schlüssel zur Transformation durch göttliche Gnade heisst Achtsamkeit und Selbsterkenntnis. Gemäss geistigem Gesetz besitzt das gesamte menschliche Bewusstsein den freien Willen. Bewusstsein und Unterbewusstsein sind beides gleichwertige Teile des Bewusstseins. In der Regel ist sich der Mensch nur eines winzigen Bruchteils seiner Gedanken und Gefühle bewusst. Die meisten negativen Emotionen befinden sich knapp unter der Schwelle der Bewusstheit, sie steuern jedoch die gesamte Wahrnehmung der Persönlichkeit. Je sensibler ein Mensch ist, umso stärker ist die unbewusste Wahrnehmung und somit ihre Steuerung. In der aktuellen Generation haben - paradoxerweise zum „modernen" aufgeklärten, realistischen Weltbild - viele Jugendliche PSI-Fähigkeiten, das heisst subtilere und dadurch erweiterte Wahrnehmungsmöglichkeiten. Allerdings können sie in der Regel nicht damit umgehen, weil sie nicht bemerken, wie viele Eindrücke ihr Unterbewusstsein tatsächlich aufnimmt. Ihr bewusstes Denken meint, es habe die Welt im Griff, was unter seiner Wahrnehmungsschwelle liegt, bemerkt es nicht. Das bewusste Denken lehnt energetische Wirkungen mehrheitlich ab, es weiss oft nicht einmal, dass beispielsweise Gedanken und Gefühle wahrnehmbare Energieformen sind. Nicht so das Unterbewusstsein, es reagiert auf sämtliche energetische Einflüsse. Geprägt durch falsche wissenschaftliche Annahmen kennen heutige Menschen oft weder Energiesignaturen noch die Energiesprache oder ihr eigenes Herzfeld. Sie können die energetische Bildersprache des Unterbewusstseins nicht verstehen, ihre eigene Psyche, die Energiekörper und die Astralwelt kennen sie nicht und mit ihren schwachen intellektuellen Gedanken weilen sie ausserdem ständig in der Vergangenheit oder in der Zukunft. Besonders hochsensible Menschen mit PSI-Fähigkeiten sind den gängigen gesellschaftlichen Normen, welche die Existenz von subtilen Energien ausklammert, nicht angepasst. Ihre absolut natürliche und normale, bloss erweiterte Wahrnehmungsfähigkeit wird als krankhaft angesehen. Wegen ihrer Sensibilität ist ihr Unterbewusstsein zu stark geöffnet und durchlässig. Sie sind nicht geerdet, nicht im organischen Körper, nicht im positiven Herzfeld verankert, sie haben verlernt, Liebe wirklich zu *spüren*. Sie kämpfen oft vergeblich gegen Depressionen und Ängste. In der Folge ertränken oder vernebeln sie ihre Probleme verzweifelt mit Drogen. Durch psychogene[8] Wirkstoffe, magische Handlungen, Unfälle, Krankheiten oder Narkosen kann die Sensitivität und damit verbundene Öffnung der Wahrnehmung bewirkt oder verstärkt werden. Dann sind die Betroffenen den Gedanken und Emotionen der Mitmenschen, der energetischen Astralwelt, ohne Schutz ausgeliefert. Nehmen sie diese astralen Energieformen wahr und erzählen davon, werden sie ausgelacht, man sagt ihnen, es seien krankhafte Einbildungen, Erfindungen, ohne wirkliche Präsenz. Die Bedauernswerten beginnen dann an ihrer Wahrnehmung und ihrem Verstand zu zweifeln, statt dass sie das herrschende Paradigma in Frage stellen. Menschliche Wesen tauschen ständig energetische Schwingungen in Form von Gedanken und Gefühlen miteinander aus und sind dadurch auch mit der Astralebene verbunden. Dieser Energie-Prozess ist tatsächlich existent. Je unsensibler, bodenständiger der Mensch ist, desto weniger nimmt er davon wahr, er ist geschützt, je sensibler er dagegen ist, umso mehr Energie nimmt er auf. Ohne Schutz sind die medialen Hochsensiblen energetische «Staubsauger» und laden sich unwissentlich alle Arten von negativen Energien und Schwingungen auf. Auch wenn sie sich ihrer Wahrnehmungen nicht bewusst sind, stressen diese den Körper trotzdem; Krankheiten, psychische Probleme, Ängste, Depressionen, Energiemangel, Müdigkeit und Suchtabhängigkeiten entstehen daraus.

Auch Angelina war von astralen Energien im Unterbewusstsein beeinflusst worden, ihre Wahrnehmungen waren nicht bloss Einbildungen. Ihr Unterbewusstsein hat die Seelenverbindung sabotiert, obwohl sie diese bewusst angestrebt hatte. Sie *dachte* die Herzgefühle der Liebe, statt sie zu fühlen und sie kannte auch die Programmierungen ihres Unterbewusstseins nicht, deshalb waren die astralen Energien stärker als ihr bewusstes Denken.

---

8   Rausch- und Betäubungsmittel

Erstes Geheimnis

Die Naturwissenschaft bestreitet die Existenz der astralen Energieformen und deren Wirkungen. Die Psychologie anerkennt zwar die Wirkung des Unterbewusstseins, aber nicht die Existenz der Energiekörper oder der Seele. Was sagt die Bibel dazu? Wie beschreibt sie das Wesen der menschlichen Körper, anerkennt sie Energiekörper?

> Katechismus vom Bischofskonzil Trient, 1545-1563 in Trient:
> *„Zuletzt bildete er aus dem Lehm der Erde den Menschen. Und zwar war dieser dem Leib nach so beschaffen und eingerichtet, dass er nicht kraft seiner Natur, sondern durch die Gunst Gottes <u>unsterblich und leidensunfähig</u> war. ... Dann fügte er noch das wunderbare Gnadengeschenk der ursprünglichen Heiligkeit hinzu und wollte, dass er alle übrigen Lebewesen beherrsche."*

Erklärung: Der fleischliche Körper ist nicht unsterblich und leidensunfähig, somit ist hier vom zusätzlichen <u>Energiekörper</u> die Rede. Der Mensch wird somit nicht bloss von seinen Genen regiert, er hat ausser dem materiellen Leib einen Energiekörper, er wird von innen und aussen beeinflusst und kontrolliert.

Das Unterbewusstsein wird durch energetische Einflüsse von der Umwelt programmiert; während der ersten sechs Lebensjahre geschieht diese Programmierung vor allem durch die Eltern. Die hauptsächliche Energieübertragung findet durch den Blickkontakt und Berührungen statt. Aber auch Emotionen und Gefühle werden übertragen. Der Intellekt wird erst ab dem sechsten bis siebten Altersjahr entwickelt, somit sind alle Programmierungen der ersten sechs Lebensjahre unbewusst im Unterbewusstsein, in der Psyche, wirksam. Die Psyche kann von Gedankenkraft nicht nachhaltig beeinflusst werden, deshalb sind innere Gefühlsregungen und daraus resultierende Gewohnheiten so schwer veränderbar. Die Energie des bewussten Denkens ist zu schwach, es braucht die energetische Hilfe der grossen Quelle. Dieses Geschenk bekommt der Mensch durch die Verherrlichung Gottes, indem er sich seiner Gegenwart in sich selbst bewusst ist und entsprechend lebt, dadurch aktiviert er sein Herzfeld. Der Mensch wird durch seine Wahrnehmungen gesteuert, durch positive oder negative Energien, in Form von Gedanken, Gefühlen und eigene oder fremd programmierten Überzeugungen. Das allgegenwärtige Böse oder die satanischen Kräfte sind nicht energetische Gegenspieler von Gott, sondern von Menschen bewirkte Energieformen, sie können sich im Unterbewusstsein einnisten. Der Mensch kann sich willentlich durch Gedankenkraft oder mit unbewussten Ritualen mit diesen dunklen Energien, den Herrschern der Dualität[9], verbinden. Die energetischen Bräuche, die zur Dunkelheit gehören oder hinführen, nennt man schwarzmagisch. Statt dass sich der Mensch in seinem Herzfeld mit der göttlichen Liebe verbindet, kann er sich mit Hilfe seines Unterbewusstseins, des Egos oder der Seele, welche den freien Willen besitzt, wie später im Text erklärt, mit der Unterwelt verbinden und mit der Kraft des Herzfeldes schwarzmagisch wirken.

Charismatische Menschen wie der Dalai Lama, Mahatma Gandhi oder Mutter Teresa sind Beispiele von positiven Herzfeldkräften. Es gibt aber auch die andere Seite; von Adolf Hitler und anderen Diktatoren wird beispielsweise gemunkelt, dass sie „Eingeweihte" im negativen Sinn waren.

Das Herz ist der Sitz der Seele, offenbar an der Stelle, welche sogar traditionelle Chirurgen als die „heilige Stelle" bezeichnen, weil sie die Erfahrung machten, dass es eine hochsensible Stelle gibt, die den sofortigen Tod bewirkt, wenn sie mit dem Skalpell berührt wird. Die Seele hat, wie wir später[10] sehen werden, den freien Willen. Sie kann sich somit frei entscheiden, welchen Weg sie gehen will. Schwarzmagische Rituale können ungeahnte Kräfte wecken. Durch Unglauben und Unwissenheit werden heute solche Zeremonien von gewissen Bevölkerungsschichten, oft Jugendlichen, ungeniert konsumiert, da man deren Wirkung verkennt. Zwar sind die Rituale oft nur mit dem Denken verbunden und wirken deshalb nicht sehr stark, trotzdem können dadurch energetische Belastungen[11] entstehen. Diese werden später oft als psychische, organische Erkrankungen deklariert und den Betroffenen entsteht dadurch häufig ein endloser Leidensweg. Denn wenn sich solche schwarzmagischen Energien einmal festgekrallt

---

9 Existenz von den zwei Gegenkräften Gut und Böse, Licht und Dunkelheit

10 siehe „Erschaffung des Menschen" auf Seite 37

11 Besessenheit, Depression, ständige Müdigkeit und vieles mehr

haben, verschwinden sie selten von allein, sie müssen durch die starken Energien des Herzfeldes, wie beispielsweise mit Hilfe eines theurgischen[12] Befreiungsrituals transformiert werden, oder es braucht die Hilfe eines Heilers mit aktiviertem Herzfeld. Medizinische oder psychiatrische (materielle) Hilfe ist oft wirkungslos, wie die folgenden Fallbeispiele zeigen.

Der Leidensweg von Hans

Hans ist Vater von kleinen Kindern, glücklich verheiratet, dem auf den ersten Blick nichts zu fehlen scheint. Trotzdem ist er zur Zeit nur zu fünfzig Prozent arbeitsfähig. Etwas beschämt, mit leiser Stimme erzählt der kräftige, gesund aussehende junge Landwirt von seinem Problem: „Mitten während einer Arbeit, ob im Haus, im Stall oder auf dem Feld befällt mich plötzlich völlig unvermutet eine furchtbare, unerklärliche Angst. Es gibt keine äussere Ursache oder keinen Grund dazu, es stellt mir den Atem ab und zieht mir den Bauch zusammen. Schreckliche Schmerzen wüten plötzlich in meinen Eingeweiden, so dass ich nicht mehr aufrecht stehen kann. Ich krümme mich zusammen und muss mich hinsetzen, kann fast nicht mehr atmen, mein Herz rast und ich habe das Gefühl, meine letzte Stunde habe geschlagen". Von diesen Anfällen wird Hans seit fünf Jahren geplagt. Alle medizinischen Abklärungen waren bisher ergebnislos. Es konnte keine körperliche Ursache für seine Beschwerden gefunden werden. Er wird psychiatrisch behandelt und muss verschiedene Psychopharmaka einnehmen. Trotzdem ist er mit seinen zweiunddreissig Jahren und dem organisch gesundem Körper nur noch halb arbeitsfähig. Weder medizinisch noch psychologisch konnte bisher eine Erklärung für seine Beschwerden gefunden werden. Kein traumatisches Erlebnis prägte seine Kinder- oder Jugendzeit. Der einzig fassbare Hinweis ist seine Bemerkung, dass seine Angst irgendwie mit einer Frau zusammenhänge, welche sich mit magischen Praktiken befasse. Die Psychiatrie hat diesen Hinweis nicht ernst genommen. Aber Hans ist überzeugt, dass seine Angst von dieser Frau, mit welcher er vor seiner Heirat auch liiert gewesen war, komme. Es hatte ihn nicht nur sexuelle Liebe mit dieser Frau verbunden, er war ihr hörig und er hatte ihr zuliebe an magischen Ritualen teilgenom-

---

12   Kirchliche Heilweise

men, derer er sich heute schämt. Zwar hatte er bewusst nie daran geglaubt und doch hat er mitgemacht. Durch diese Rituale hatte er ungute Energien geweckt.

Die Geister, die er rief

Weil er sich mit negativen Kräften einliess, hat er sich zudem von seiner Seele abgetrennt, ihr Licht eingebüsst. Magie und falsch verstandene, egogesteuerte mystische Praktiken können als negative Energieverstärker wirken. Sie binden das Unterbewusstsein an die Astralwelt, so dass deren Energien anhaften können. Astrale Wesenheiten verursachen die Angstzustände von Hans. Seine Seele heilte und erhellte ausserdem den physischen Körper nicht mehr genügend, weshalb die beschriebenen körperlichen Symptome auftraten. Die Ärzte konnten ihm nicht helfen, weil sein Problem nicht von verdrängten Erinnerungen der natürlichen Persönlichkeit stammte, sondern von Astralverhaftungen verursacht wurde. Da für die Schulmedizin weder die Astral- noch die Seelen-Ebene existiert, waren alle ihre Behandlungen praktisch wirkungslos. Sein Problem war energetischer, parapsychologischer Natur. Durch spirituelles, theurgisches[13] Heilen, mit Krankensalbungen, konnte ihm schliesslich, dank der göttlichen Gnade, geholfen werden. Das Unterbewusstsein seines natürlichen Energiekörpers wurde gestärkt, damit es Schuldgefühle und Ängste loslässt, sein bewusster Wille zur Vereinigung mit seinem Herzfeld wurde angeregt. Nach drei Monaten Seelentherapie war Hans vollkommen gesund und blieb es bis heute, viele Jahre später.

Magische Praktiken führten zu seiner Erkrankung. Auf den ersten Blick erschienen diese nicht einmal gefährlich, höchstens makaber oder lächerlich. Er hatte unter anderem in einem Wald, an einem versteckten Ort, ein Fleischopfer für irgendeine Wesenheit vorgenommen, indem er ein Stück gekauftes Fleisch verbrannte. Solche Rituale können wirken, auch wenn man nicht daran glaubt. Die Faszination dafür oder die Angst des Unterbewusstseins ist dem Menschen oft nicht bewusst. Trotz intellektueller Verneinung behält die „schwarze" Magie dann ihre zwanghafte Wirkung, da sie von der Psyche verstärkt wird. Wird sie

---

13   Kirchliche Heilweise

eingeladen, verhält sie sich ausserdem vampirhaft. Nur das geeinte menschliche Bewusstsein, verbunden über das Herzfeld mit der Seelenkraft und der göttlichen Hilfe ist stärker. Unwissenheit schützt nicht vor Schaden. Solange Menschen leben, existiert das Böse. Es wird von ihnen geweckt und lebt durch sie. Der Mensch ist göttlich, er kann und darf, kraft seines freien Willens, in der Illusion der Trennung von Gott existieren. Gott wartet auf die bewusste Hinwendung zu ihm. Die niederen magischen Energien nützen die menschliche Unwissenheit aus; sobald sie passendes Energieterrain finden, nisten sie sich ein. Sie können auch durch Fremdbeeinflussung eingeladen werden.

Lotte's Verfluchung

Lotte, eine Frau in mittleren Jahren, leidet an Panikattacken. In den unmöglichsten Situationen, beispielsweise mitten während eines Einkaufsbummels, bricht sie plötzlich ohnmächtig zusammen. Das geschieht, sobald sie sich in einer kleinen Menschenmenge befindet. Hauptursache dieser Störung ist die energetische Wirkung einer Verfluchung. Diese wurde vor Jahren, in grosser Wut, von einer Verwandten angewünscht und ausgesprochen. Die Frau, die als Täterin wirkte, war eine Bauersfrau aus einfachen Verhältnissen. Sie hatte früh ihren Ehemann verloren. Er wurde erwischt, als er als Landwirt seine Kuhmilch, welche er in die Käserei lieferte, mit Wasser panschte. Daraufhin hatte er sich umgebracht und seine Ehefrau mittellos, in Schande, zurückgelassen. Diese musste sich bei den umliegenden Höfen um Arbeit bewerben. Sie blieb nirgendwo lange, weil alle Bauersleute das Gefühl hatten, sie bringe Unglück auf den Hof. Die bedauernswerte Witwe war im Tal als „Hexe" verschrien. Lotte war mit dem Sohn dieser Frau befreundet und half der Armen, gegen deren Widerstand, da diese sie als Städterin ablehnte. Als Kind des neuen Zeitalters kann Lotte, noch heute, nicht begreifen, wie eine ganze Talschaft eine Witwe verleumden kann. Lotte heiratete später in diese Familie hinein, obwohl sie nicht willkommen war. Bald traf sie das „Familienschicksal", indem auch ihr Mann, wie schon sein Vater, sich umbrachte. Da der Selbstmord des Sohnes unverständlich war, lastete die ganze Verwandtschaft die Schuld der jungen eingeheirateten „Städterin" an. In der Folge wurde diese langsam krank und leidet, noch heute zwanzig Jahre später, an Panikattacken. Bei der Auflösung der Krankheitsursache stellt sich eine magische Belastung heraus, verursacht von der Verfluchung der Schwiegermutter vor zwanzig Jahren. Erst nach Transformation dieser Energie im Unterbewusstsein greift die Energietherapie. Jahrelange Symptome und die Angstzustände, die bisher therapieresistent waren, verschwinden.

Wie ist so etwas möglich?

Die Verursacherin war mit der Wahl ihres Sohnes nicht einverstanden und äusserte bei der Heirat, vermutlich aus Neid, negative Wünsche gegen ihre Schwiegertochter. Sie verflucht sie regelrecht, weil sie ihren Sohn verführt habe. Sie war sich der Wirkung ihrer Tat nicht bewusst, obwohl sie in der Talschaft als Hexe verschrien war. Sie hatte keine magischen Ausbildungen oder Einweihungen erhalten, trotzdem wirkte die Verfluchung. Genauso, wie es spontane Heiler mit angeborenen Heilkräften gibt, existieren auch Menschen, die über manipulative Kräfte verfügen, ohne dass diese speziell geweckt oder ausgebildet wurden. Sie besitzen unbewusste schwarzmagische Fähigkeiten. Äussern sie stark emotional beladene Wünsche anderen gegenüber, ist es möglich, dass sich diese dramatisch verwirklichen; genauso wie nicht spezifisch ausgebildete, spontane Heiler oft beachtliche Heilungserfolge verbuchen können. Die Verfluchungen können das Unterbewusstsein des Zieles so stark beeindrucken, dass es daraus eigene Glaubenssätze erstellt. Lotte verfügte zu jener Zeit über ein schlecht entwickeltes Selbstbewusstsein. Eine schwierige Kindheit hatte ihre Spuren hinterlassen. Ihr jüngerer Bruder war in ihrem Beisein vom Balkon gestürzt und gestorben. Sie war damals ein Kleinkind und absolut schuldlos an dem Geschehen. Trotzdem entstand in ihrem Unterbewusstsein ein Schuldgefühl. Auf diesem fruchtbaren Boden konnte die Verfluchung ihrer Verwandten Fuss fassen und wachsen. Nach Erkennen der Zusammenhänge konnte sich Lotte mit therapeutischer Hilfe aus dieser Klammer befreien und ihre Panikattacken gehörten der Vergangenheit an.

Energetische Belastung eines Säuglings

Auf andere Art eindrücklich ist der Fall des kleinen zweijährigen Jonas. Seit seiner Geburt leidet er unter Schlafstörungen und träumt unruhig und ist tagsüber oft aggressiv. Bisherige Therapien, auch Bachblüten, hatten nicht geholfen. Heute ist Jonas liebenswürdig und freundlich. Unvorstellbar, dass dieses süsse unschuldige Kind eine Befreiungszeremonie braucht. Sicherheitshalber bekommt er doch noch eine Salbung mit einem heiligen Reinigungsöl. Sobald das Öl[14] die Stirne des Jungen berührt, ist es mit der Friedfertigkeit von Jonas vorbei. Er schreit, tobt, kratzt und schlägt um sich. Er brauchte die energetische Reinigung. Seit dem Ritual schläft der Junge jede Nacht durch und hat keine Tobsuchtsanfälle mehr. Solche Vorfälle sind sehr viel häufiger als man meint. Genauso, wie ein Kind trotz Spitzenmedizin noch von Schädlingen befallen sein kann, ist auch ein Befall mit energetischen, astralen Parasiten möglich.

Im Energiefeld von Jonas hatte sich eine negative Astralenergie angeheftet. Ein unerfreulicher Umstand, der durch die Dimensionsöffnung bei der Geburt vorkommen kann. Es gibt pervertierte Naturgeister oder andere Energieformen, welche beim Schwingungswechsel der Seele in die materielle Dimension „mitreisen". Sie können einen kindlichen Körper „besetzen". Dies ist der Grund, weshalb Neugeborene in der Regel rasch möglichst eine christliche Salbung[15] bekommen, meistens bei der Taufe. Das Sakrament der Taufe ist ein kleiner „Exorzismus", indem mit der Salbung durch das Heilige Öl die Körper des Säuglings gereinigt werden. Anschliessend werden sie harmonisiert und mit dem Heiligen Geist verbunden, wodurch die Chakren fast doppelt so gross werden. Führt ein geweihter Priester die Taufe durch, kann er für das Kind ausserdem noch einen zweiten Schutzengel berufen.

Bewusstsein ist mehr als Denken

Wenn von Bewusstsein die Rede ist, meint man allgemein damit das bewusste Denken. Das entspricht bekanntermassen nur ungefähr einem Zehntel des wahren Bewusstseins. Der weitaus grössere und stärkere Teil davon ist das Unterbewusstsein, es ist der mächtige Wahrnehmungs-

---

14 Das Öl ist absolut hautverträglich und nicht reizend
15 Theurgische Energiereinigung

filter, welcher den Menschen steuert; passen äussere Einflüsse und Energien durch diesen Filter, werden sie ins Bewusstsein eingelassen. Moderne Forschungsresultate, wie beispielsweise die des Zellbiologen Bruce Lipton[16], haben gezeigt, dass die Wahrnehmungen und Gedankenkraft durch Veränderung der Proteine den menschlichen Organismus steuern und nicht, wie bisher angenommen, dessen Gene. Lipton beschreibt in seinem Buch, dass der unbewusste Wahrnehmungsfilter von der Umwelt programmiert werde. Diese Programmierung beginne bereits im Uterus, ungefähr ab Mitte der Schwangerschaft. Emotionen der Mutter programmieren, nach Lipton, das Bewusstsein des Ungeborenen, aber auch äussere Einflüsse, wie die Stimme des Vaters oder das Hören von Musik, werden aufgenommen. Ein weiterer Wahrnehmungsfilter stelle das Seelenbewusstsein dar, dieses filtere grundsätzlich die Signale, welche vom (göttlichen) Feld stammen. Nach Lipton arbeitet das bewusste Denken mit einem „Prozessor", der ungefähr einhundert mal schwächer und langsamer ist, als jener des Unterbewusstseins. Er bestätigt somit die Herzfeld-Forschungen von HeartMath und Gregg Braden. Weiter schreibt Lipton, das bewusste Denken sei zudem selten in der Gegenwart, da es ständig mit Gedanken der Vergangenheit oder Zukunft beschäftigt sei, deshalb steuere es nicht wirklich viel. Die Wirkung des Seelenbewusstseins hat er, als Naturwissenschaftler, nicht weiter erforscht, er zeigt bloss auf, dass das Signal aus dem Feld (Gott) vom Seelenbewusstsein gefiltert werde. Nach Lipton wird der Mensch durch energetische Einflüsse, der Wahrnehmung und Gedanken gesteuert, die Energiekörper hat er nicht erwähnt.

Der natürliche, fleischliche Leib ist von einem Energiekörper umhüllt, dieser kann als Aura sichtbar sein. Die Seele hat ebenfalls einen Energiekörper, dessen Schwingung ist jedoch so hoch, dass sie selten bewusst wahrgenommen werden kann. Der Seelenkörper ist bei der Geburt als Same im Herzen angelegt, seine Entfaltung geschieht nicht automatisch, da die Seele der Natur unterstellt ist, wie es später im Textabschnitt „Die Erschaffung des Menschen" aufgezeigt wird. Das Seelenbewusstsein, Überbewusstsein oder höheres Selbst kann den Menschen auch ohne

---

16 Intelligente Zellen: Wie Erfahrungen unsere Gene steuern von Bruce Lipton von Koha (1. August 2006), Intelligente Zellen. DVD-Video (2011) - Dolby

Entfaltung des Seelenenergiekörpers erreichen. Es manifestiert sich als feiner Impuls der inneren Stimme, oft nur im Traum oder in der Meditation. Die Geisteswissenschaft spricht von einem dritten Energiekörper, dem des göttlichen Bewusstseins, dem Auferstehungsleib. Damit er entstehen kann, muss der Seelenkörper entwickelt sein. Die Entwicklung des Auferstehungskörpers wird auch als „Erleuchtung" bezeichnet. Dieser Zustand kann nur durch ethisches, spirituelles Verhalten und willentliche Verbindung mit der Urquelle[17] erreicht werden und benötigt in der Regel mehrere Erdenleben.

Die Existenz der unsterblichen, energetischen Körper wird von der Naturwissenschaft bestritten, da sie mit üblichen Massstäben nicht nachweisbar sind. Trotzdem gibt es halb wissenschaftliche „Beweise": Bei einem nicht anerkannten Versuch wurde beispielsweise mit einer hochspezifischen Waage festgestellt, dass ein Leib unmittelbar nach dem Austritt der Seele einige Milligramm leichter war als vorher, obwohl keine materielle Substanz, keine Körperflüssigkeiten, entwichen waren. Die Experimentteilnehmer waren überzeugt, dieser Gewichtsverlust sei durch den Austritt der Energiekörper entstanden. Die Naturwissenschaft betrachtet das Bewusstsein als Teil des organischen Gehirns und somit als stofflich. Sie glaubt weder an die Existenz von Energiekörpern, noch dass das Bewusstsein den materiellen Leib verlassen und eine Form annehmen könne, ebenso verneint sie dessen Unsterblichkeit. Die Bibel spricht von den Energiekörpern. Nach der Kreuzigung von Christus erschien er nach seinem Tod seinen Jüngern zuerst im natürlichen Energiekörper, klar als Jesus von Nazareth erkennbar. Der „ungläubige" Thomas konnte sogar seine Todeswunden überprüfen. Am Grab zeigte er sich Maria Magdalena in seinem Seelenkörper, sie hielt ihn zuerst für einen Engel und erkannte ihn nicht sofort. Später offenbarte er sich seinen Jüngern auch im Auferstehungsleib.

Von den drei Energiekörpern kann der natürliche am leichtesten wahrgenommen werden, er wird mehrheitlich vom Unterbewusstsein der erdgebundenen Persönlichkeit geprägt. Es gibt zahlreiche Menschen, die nachweisbar ihnen völlig unbekannte Verstorbene beschreiben oder zeichnen können, so dass Ange-

---

17 Natürlich ist dieses Bestreben ökumenisch, da es nur eine Quelle gibt

hörige sie wiedererkennen. Sie nehmen den subtilen natürlichen Energiekörper wahr. Einige Zeit nach dem Tod erhöht sich dieser natürliche Energiekörper; der Verstorbene „geht ins Licht". Er verbindet sich, je nach spiritueller Entwicklung, mit dem entwickelten oder nicht entfalteten lichtvollen Energiekörper seiner Seele oder dem Auferstehungsleib. Letzteren kann der Mensch mithilfe des Seelenleibes, in Verbindung mit dem Heiligen Geist, entwickeln. Augustinus beschreibt ihn im nachfolgenden Zitat.

Die Apostel sprechen von der „Auferstehung des Fleisches", damit sind die energetischen Körper der Persönlichkeit und der Seele gemeint, und somit auch das Bewusstsein in seiner Individualität. „Fleisch" meint hier nicht den physischen, fleischlichen Leib, sondern das Bewusstsein der Persönlichkeit, des „Kleides", in der abschliessenden Inkarnation (siehe nächster Abschnitt).

> *„Wie Jiob vorausgesagt hat: Und in meinem Fleische werde ich Gott sehen. Ich selbst werde ihn schauen und meine Augen werden ihn erblicken... Der Mensch muss in dem Leib auferstehen, in welchem er Gott oder dem Teufel gedient hat... Der Leib wird aber nicht nur auferstehen. Es muss ihm vielmehr auch all das, was zu seiner wahren Natur und zur Zierde und zum Schmuck des Menschen gehört, zurückgegeben werden... Der heilige Augustinus sagt dazu: Nichts Fehlerhaftes wird dann mehr am Leibe sein. Wer zu gut beleibt oder zu dick war, wird nicht die ganze Körpermasse zurückerhalten. Was vielmehr das Ebenmass überschreitet, wird als überflüssig gelten. Was dagegen Krankheit oder Greisenalter am Leibe aufgezehrt hat, wird Christus in göttlicher Kraft wieder ersetzen, z.B. wenn einer durch Auszehrung schmächtig war. Denn Christus wird uns nicht allein den Leib zurückgeben, sondern auch all das, was uns das Elend dieses Lebens weggenommen hat. An anderer Stelle sagt er: Der Mensch wird nicht die Haare wiedererhalten, die er hatte, sondern wie sie ihm zur Zierde gereichen. – Weil aber vor allem die Glieder zur wahren Menschennatur gehören, so werden sie zugleich alle wieder hergestellt. Wer nämlich von Geburt an blind war oder durch eine Krankheit das Augenlicht verloren hatte, wer lahm, vollständig verkrüppelt oder an verschiedenen Gliedern siech war, wird mit unversehrtem, vollkommenem Leib auferstehen."*

Erschaffung des Menschen

Ausser dem Auferstehungsleib sind in der Bibel auch der Seelen- und der natürliche energetische Körper erwähnt: Beim Kapitel „Erschaffung des Menschen" steht im Katechismus des Konzils von Trient:

„Zuletzt bildete er aus dem Lehm der Erde den Menschen. Und zwar war dieser dem Leib nach so beschaffen und eingerichtet, dass er nicht kraft seiner Natur, sondern durch die Gunst Gottes unsterblich und leidensunfähig war. **Die Seele aber schuf er nach seinem Bild und Gleichnis und stattete sie mit freiem Willen aus.** *Ausserdem ordnete er alle Regungen der Seele und Begierden, so dass sie dem Gebote der Vernunft stets gehorchten. Dann fügte er noch das wunderbare Gnadengeschenk der ursprünglichen Heiligkeit hinzu und wollte, dass er alle übrigen Lebewesen beherrsche."*

Mit dem Leib aus Lehm kann nicht der stoffliche, fleischliche Leib, das „Kleid" des Menschen gemeint sein[18]. Der stoffliche Leib entsteht, kraft seiner Natur, durch menschliche Zeugung, er ist sterblich und leidensfähig. Es wird damit der energetische Leib, welcher der natürliche Energiekörper, die Aura ist, beschrieben. Der natürliche Energiekörper ist das Bewusstsein (Denken und Unterbewusstsein). Wie die Bibel beschreibt, ist das „Baumaterial" dieses energetischen Körpers „Lehm", somit gehört er, obwohl geistiger Natur, der Erde an und ist materiell. Von Unwissenden wird dieser fälschlicherweise auch als Seelenkörper bezeichnet. Der Seelenkörper entfaltet sich im Gegensatz zum natürlichen Energiekörper nicht automatisch. Im Herzfeld ist er als Samen angelegt, erst wenn der Mensch bewusste Anstrengungen unternimmt, kann er den Seelenkörper entfalten, in der Bibel wird er oft auch als „innerer Mensch" bezeichnet.

Solange der Mensch im Rad der Wiedergeburt eingebunden ist, wandeln der natürliche Energie- und Seelenköper (falls entfaltet) ihr Aussehen und passen sich der jeweiligen irdischen Persönlichkeit, dem Kleid, an. Die Informationen und Erfahrungen der Inkarnationen sind im Seelenkeim gespeichert. Hat

---

18   vgl. Seite 18 ff

die Seele einen Energiekörper entwickelt, darf dieser nicht mit dem „Auferstehungsleib" verwechselt werden, dieser kann sich erst aus dem entfalteten Seelenkörper heraus entwickeln. Da die Seele den freien Willen besitzt, wird ihr Energiekörper nicht von jedem Menschen im irdischen Dasein entfaltet. Solange der Auferstehungsleib nicht entwickelt ist, unterliegt der Mensch dem Karma der Wiedergeburt, das heisst, „er erntet, was er gesät hat" und kommt solange zurück, bis seine Ernte vollkommen ist.

Dabei darf aber die göttliche Gnade nicht vergessen werden, sie kann diese Entwicklung jederzeit beschleunigen, wie Jesus lehrte. Wie im Gleichnis des verlorenen Sohnes dargestellt und der Fall von Angelina zeigt, kann jeder Mensch im letzten Moment, quasi fünf Minuten vor dem Tod, umkehren, um die Gnade Gottes zu erhalten. Jesus hat immer wieder gesagt, wer an ihn glaube, erhalte das ewige Leben. Aus diesem Grunde geht die Bibel wohl nicht auf die Wiedergeburt in der Materie, die Reinkarnation, ein, denn durch Christus Gnaden bekommen die Gläubigen den Auferstehungsleib, wenn sie reinen Herzens sind. Die Lehre der Präexistenz[19] wurde vom Kirchenvater Origenes (um 185 bis ca. 254), christlicher Kirchenschriftsteller, Lehrer und Theologe, gelehrt. In der Ostkirche wird Origenes verehrt, während die römisch katholische Kirche ihn mit einem Bannfluch belegt hat, und die evangelische Kirche ihn nicht anerkennt.

Angelina's Verwechslung

Angelina wusste, dass sie ausser ihrem fleischlichen auch einen energetischen Leib hat und war auch fähig, ihn wahrzunehmen, was nur ungefähr fünfzehn Prozent der Menschen können[20]. Da sie Widerstände gegen die Kirche hatte, war es ihr unmöglich, aus deren oder anderen geistigen Lehren zu schöpfen. Sie glaubte der Esoterik und verwechselte den natürlichen Energieleib mit dem Seelenkörper. Das Wissen des Herzfeldes und wie man sich damit verbinden kann, war ihr nicht bekannt. Sie lebte im natürlichen Bewusstsein, mehrheitlich im bewussten Denken, dadurch konnte sie die Heilkraft ihrer

---

19　　Wiedergeburts-, Reinkarnationslehre

20　　Tendenz zunehmend

Seele nicht empfangen. Allerdings hatte sie sich kurz vor ihrem Tod ernsthaft Christus zugewandt und erhielt, da sie ein gutes Herz hatte, wohl durch die Gnade die Auferstehung, obwohl sie ihren Seelenkörper in diesem Leben nicht entfaltet hatte. Jesus hat versprochen, wer an ihn und an Gott Vater glaube, bekomme das ewige Leben durch die Gnade geschenkt, wenn der Mensch das Reich Gottes in seinem Herzen verwirklicht hat.

Evolutionsbedingt hat sich der westliche Mensch so weit entwickelt, dass er in der Regel nur mit seiner irdischen Persönlichkeit, seinem Kleid, verbunden ist. Sogar das eigene Unterbewusstsein ist ihm meistens nicht bewusst. Er vertraut nur seiner bewussten Wahrnehmung und erkennt nicht, dass er sich auf einen winzigen Teil seines Bewusstseins beschränkt. Wie Lipton erklärt hat, sind die unbewussten Impulse sehr stark und beeinflussen mehrheitlich das menschliche Verhalten und sein Wohlbefinden. Da die Seele dem Gebot der Vernunft gehorchen muss, wie in der Bibel steht und die Vernunft unbemerkt vom Unterbewusstsein beherrscht wird, ist die Vernunft schwächer als das Unterbewusstsein. Somit bekommt der Mensch innere Impulse vom Unterbewusstsein, die sowohl von der Psyche, wie der Seele stammen können. Da viele Menschen ihre Gefühle nicht mehr wirklich im Herzen wahrnehmen können, wissen sie nicht mehr, wie sie sich mit ihrer Seele verbinden können. Sie wissen nicht, dass ihr bewusstes Denken, ihre Vernunft schwächer ist als ihre unbewusste Psyche. Der Intellekt, als treuer Diener, bügelt dieses Manko sofort aus und lässt sie glauben, er könne diese Verbindung für das Bewusstsein vornehmen, da die Vernunft stärker sei als die Psyche. Das stimmt nur, wenn die Vernunft mit dem positiven Herzensfeld verbunden ist.

Die lockende Stimme des Vergessens von Angelina kam vom Unterbewusstsein. Ihre Seele hätte sich mit dem Heiligen Geist verbinden und mit dessen Hilfe, durch Schwingungserhöhung und Charakterwandel, die Fessel der Sucht sprengen können. Diese Verbindung ist „jenseits der Taten"; erst wenn der Mensch im Gottesvertrauen loslassen und voll auf den Heiligen Geist vertrauen kann, kommt sie zustande. Dieses Loslassen widerspricht allen menschlichen Lehrsätzen, welche ein Problem „in den Griff" bekommen möchten. Zudem will kein Ego loslassen, es fürchtet sich instinktiv davor. Angelinas Persönlichkeit (Ego) war stärker als ihre Seele. Die unterschwellige, versteckte Angst war heftiger als die verborgene, vergessene Gottesliebe des Herzens. Als „Macherin" war Angelina überzeugt, mit genügend gutem Willen könne sie diese Suchtfessel allein sprengen. Sie nahm weder die zahlreichen menschlichen Hilfsangebote noch ihre innere Seelenhilfe wirklich an. Sie war ein „Tatmensch" und wegen ihren medialen PSI-Fähigkeiten und entsprechenden falschen, esoterischen Lehren meinte sie, mit ihrer Seele verbunden zu sein und ihre Sucht besiegen zu können. Sie erkannte nicht, dass ihr das eigene Ego etwas vorgaukelte, indem seine Verbindung nur bis zur unbewussten Psyche der Persönlichkeit reichte.

Sie war stets im „Tun" statt im tiefen Vertrauen. Die zahlreichen Rückfälle erklärte sie sich jeweils durch äussere Umstände und nahm sich jedes Mal vor, noch mehr dagegen zu tun. Sie nahm das „Du" des Heiligen Geistes nicht in Anspruch, verband sich nicht mit ihrem Herzfeld, da sie der Täuschung des „Ichs" der Persönlichkeit unterlag. Das notwendige Vertrauen zum inneren „Du" kann nicht erzwungen werden, es wächst mit der Gottesliebe des Herzens. Menschengeschaffene Glaubenswiderstände können dieses Vertrauenswachstum hemmen oder manchmal gar verhindern. Über das Denken kann es nicht erreicht werden, nur durch Achtsamkeit, Verinnerlichung, Gebet und Meditation.

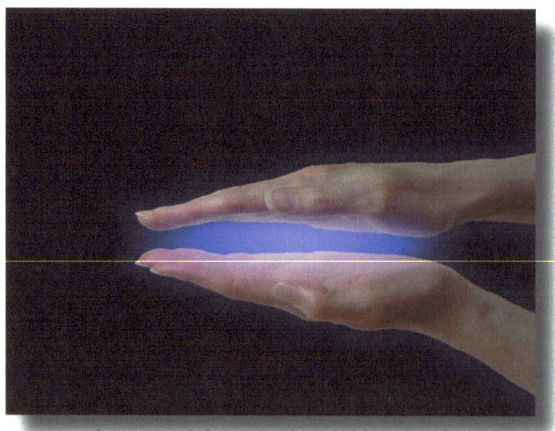

Astralenergie sichtbar gemacht © Nikki Zalewski - Fotolia

Bewusstsein und freier Wille

Zurück zum Energiekörper: Die Bibel erzählt, Gott habe den unsterblichen und leidensunfähigen Körper des Menschen, also dessen Energiekörper aus Lehm erschaffen. Dieser, der Materie zugehörigen Energiekörper[21], ist das natürliche Bewusstsein des Menschen, in ihm vereinen sich bewusstes Denken und Unterbewusstsein. Es durchdringt und umhüllt seinen stofflichen Körper. Verlässt es den Leib, nimmt es dessen Form an und wird körperlich und sichtbar. Es kann ihn jederzeit verlassen[22], denn solange es mit ihm durch die sogenannte Silberschnur verbunden bleibt, bedeutet dies nicht den Tod. Geschieht es im Schlaf, bezeichnet man diesen Vorgang als Astralreisen; während einer Meditation oder im Wachzustand, nennt man ihn ausserkörperliche Erfahrung[23]. Beim Tod löst sich das Bewusstsein und somit der Energiekörper total vom physischen Leib und lebt weiter.

Sind das bewusste Denken und das Unterbewusstsein des Menschen so veredelt, dass sie gemeinsam die Gottesnähe suchen, kann sich die ursprüngliche Heiligkeit des Seelenkörpers, der auch eine individuelle, personifizierte Form annehmen kann, entfalten. Der Weg dazu geht über das Herzfeld, über die Gefühlsebene.

Aus dem Seelenkörper kann sich der Auferstehungsleib entwickeln, der die individuelle Auferstehung oder Erleuchtung ermöglicht. Da die Seele den freien Willen besitzt, geschieht diese Entwicklung auch nicht automatisch, sondern nur, wenn sie will und zudem die Persönlichkeit davon überzeugt ist. Dann erhalten sie gemeinsam das Geschenk der göttlichen Gnade. Die Begriffe „Bewusstsein" und „Energiekörper" meinen grundsätzlich das Gleiche, nur in unterschiedlicher räumlicher Präsenz und Form. Zur Zeit von Adam war das Ich-Bewusstsein der Persönlichkeit noch mit dem Selbst der Seele verbunden. Adam konnte direkt, ohne „Übersetzung", mit Gott sprechen. Durch die enor-

---

21 wird auch Aura genannt

22 siehe Seite 50

23 auch bekannt als „Out of Body Experience"

me evolutive Entwicklung des Intellektes und somit des Egos ist die Verbindung zur Seele ein Mysterium geworden. Bis es so weit gekommen ist, dass fast die ganze Gesellschaft ihre Existenz anzweifelt. Diejenigen, die noch an sie glauben und medial sind, erkennen sie nicht mehr, indem sie den natürlichen erdgebundenen Energiekörper mit ihr verwechseln. Die grosse Masse ist sich nicht einmal ihres eigenen Unterbewusstseins gewahr.

Anhand der Naturvölker sehen wir, dass der Mensch früher mit seinem Unterbewusstsein verbunden war. Dann begann er es zu dämonisieren und nach aussen zu projizieren. Die Zeit der Inquisition begann. Diese hatte die Aufklärung zur Folge, welche mit allen Dämonen aufräumte und zunehmend nur noch den Intellekt gelten liess. Der Schweizer Forscher C.G. Jung etablierte das Unterbewusstsein wieder und bezeichnete es als „inneres Kind", zeigte aber auch auf, dass es mit dem kollektiven Unterbewusstsein verbunden und von ihm stark geprägt ist. Und dessen Einflüsse sind zäh, deswegen ist es so enorm schwierig, ein herrschendes Paradigma einer Gesellschaft zu überwinden. Es kann nur mit Hilfe der Seele, welche sich die Unterstützung des Heiligen Geistes sichert, gelingen. Auch die neueste Wissenschaft befasst sich mit Bewusstsein und Unterbewusstsein wie beispielsweise Bruce Lipton:

Der international bekannte Zellbiologe Bruce H. Lipton, PhD erklärt das neue Weltbild[24] und u.a. die Rolle von Bewusstsein und Unterbewusstsein: "Die derzeitigen Fortschritte in der Zellbiologie stellen einen bedeutenden Wendepunkt in der Evolution dar. Seit fast fünfzig Jahren leben wir mit der Illusion, dass unsere Gesundheit und unser Schicksal in unseren Genen vorprogrammiert seien, ein Konzept, welches man als genetischen Determinismus bezeichnet. Das Bewusstsein der Massen ist heutzutage von dem Glauben erfüllt, dass die grundlegenden Lebensmerkmale genetisch vorbestimmt seien, jedoch verbreitet sich unter führenden Wissenschaftlern ein drastisch neues Verstehen. Wie die traditionelle Biologie betont, wird die menschliche Ausdrucksform durch Gene gesteuert und

---

24 Intelligente Zellen: Wie Erfahrungen unsere Gene steuern von Bruce Lipton von Koha (1. August 2006)

steht unter dem Einfluss der Natur. Da 95 % der Bevölkerung über „taugliche" Gene verfügen, sind Funktionsstörungen bei dieser Gruppe Umwelteinflüssen (Erziehung) zuzuschreiben. Erziehungserfahrungen, die bereits „in utero" ihren Anfang nehmen, sorgen für „angelernte Wahrnehmungen". Zusammen mit den genetischen Instinkten bilden diese Wahrnehmungen das Unterbewusstsein, das dem Leben Gestalt verleiht. Das Bewusstsein, welches etwa im Alter von sechs Jahren seine Funktion aufnimmt, operiert unabhängig vom Unterbewusstsein. Das Bewusstsein kann aufgezeichnete Verhaltensweisen beobachten und kritisieren, aber keine Veränderung im Unterbewusstsein „erzwingen".

Bewusstsein allein kann nichts verändern

Das menschliche Unterbewusstsein ist ein heimlicher Verehrer des Intellektes und dient ihm deshalb treu, wenn auch zuweilen etwas eigenmächtig. Es gehört zum Ego und kann gelegentlich sehr stolz sein. Dadurch kann es vorkommen, dass es selbstherrlich dem Intellekt vorgaukelt, es spreche und handle im Namen der Seele; dieser, in seiner Geradlinigkeit, bemerkt diese Winkelzüge selten. Er betet zu Gott und dieser erhört ihn nicht, da seine Bitte in der Materie gefangen bleibt und die Seele und somit auch den Heiligen Geist nie erreicht.

Da die Seele der Vernunft untergeordnet ist, geschieht die Kommunikation mit ihr über das Herzfeld und über die Gefühle der Liebe, Dankbarkeit und Fürsorge. Diese göttlichen Gefühle können nicht über das Denken erzeugt werden, sie fallen dem Menschen zu. Auch das Unterbewusstsein agiert über das Herzfeld mit Hilfe von Emotionen. Emotionen sind menschliche Gefühle, welche aus Gedanken entstehen. Sind im Unterbewusstsein Schuldgefühle oder Selbstbestrafungsprogramme gespeichert und das Bewusstsein weiss nichts davon, werden Gebete nicht an die Seele „weitergeleitet". Durch diese unbewusste Emotionen ist es dem Menschen unmöglich, in das Gefühl der göttlichen Liebe zu fallen. Der Mensch verliert sein Vertrauen und das Ego bekommt ihn immer stärker in seinen Griff.

Genau das war das Verhängnis von Angelina; ihre Persönlichkeit war überzeugt, ihre Lebenssituation durch die Kraft der Vernunft in den Griff zu bekommen. Sie erkannte den Unterschied vom natürlichen Energiekörper und dem Seelenkörper nicht und war der Meinung, stets mit ihrer Seele verbunden zu sein, da sie ja sogar das Jenseits wahrnehmen konnte, welches für sie das Reich der Engel und somit der Himmel war. Meditation lehnte sie ab und Gebete sagte sie mit dem Kopfbewusstsein.

Auch die Jünger von Jesus hatten Probleme mit dieser Unterscheidung zwischen Kopf und Herz und fragten den Meister danach. Er sagte:

> *„An ihren Früchten werdet ihr sie erkennen…".*

Seelenfrüchte sind Freiheit, Gesundheit, Harmonie. Früchte des persönlichen Bewusstseins sind Angst, Vermeidung, Mangelbewusstsein. Der Leser möge selber entscheiden, mit welchen Kräften Angelina mehrheitlich verbunden war.

Um sich mit seiner Seele verbinden zu können, kommt der Mensch nicht darum herum, zuerst in seinem Unterbewusstsein Widerstände abzubauen und aufzuräumen, doch auch das schafft er nicht allein. Er braucht den Heiligen Geist, den Schlüssel zum Gottesbewusstsein, dazu. Wie kann er ihn finden? Über die Energie des Herzens und Bewusstseinsentwicklung. Dazu gehören Selbsterkenntnis und geistige Erziehung. Die Kirche bietet energetische Hilfe mit den sieben heiligen Sakramenten. Meditationsformen wie die Ignatianischen Exerzitien sind eine gute Selbsthilfe. Gespräche mit geistig entwickelten Menschen oder Beten an energetisch hochschwingenden Orten sind ebenfalls sehr hilfreich. Ein „Kopfgebet" reicht, wie mehrfach dargestellt, nicht, das Gebet muss von Herzen kommen, verbunden mit dem Gefühl der Gottesliebe. Einer tiefen Sehnsucht folgend, Gott nachzuspüren, ist ein viel wirksameres Gebet, als abgelesene wunderschöne Wortgebilde.

Wie das Unterbewusstsein manchmal selbstherrlich handeln kann, zeigt die Geschichte von Agnes. Diese Unbewusstheit ist viel stärker verbreitet, als man ahnt. Im Therapiealltag kommt es relativ oft vor, dass Symptome einfach nicht verschwinden wollen, trotz der besten ärztlichen Kunst. Die Psychologie ist sich dessen bewusst und forscht zunehmend nach unbewussten Blockaden. Sie anerkennt jedoch nicht, dass diese tief im Unterbewusstsein, im Seelenbereich, liegen können und dann mit materiellen Mitteln nicht zu erreichen sind. Das Unterbewusstsein kann nicht nur im Bereich der Energiekörper wirksam sein und dem Intellekt etwas vorgaukeln, es kann auch den Körper falsch steuern.

Das Leiden von Agnes

Agnes hat Menstruationsprobleme und ist seit mehr als einem Jahr in ärztlicher Behandlung[25]. Sie ist 38-jährig. Ihre Monatsblutung bekommt sie alle vierzehn Tage und sie dauert jeweils fast zehn Tage. Da keine Behandlung hilft, wissen die Ärzte keine weitere Lösung, als die Gebärmutter zu entfernen. Agnes ist geschieden und lebt seit kurzem glücklich mit ihrem dritten Lebenspartner zusammen. Er hat zwei Kinder, die sie als neue Mutter akzeptieren und die Familie ist vor einem Jahr in ein kleines Häuschen gezogen. Sie leben dort sehr harmonisch, nur die gesundheitlichen Probleme von Agnes stören das Glück. Bei der Anamnese kristallisiert sich eine stark religiös gefärbte, dogmatische Kleinkind-Erziehung heraus. Sie wurde gemäss der Lehre der katholischen Kirche erzogen, bei der eine Scheidung verboten ist. Agnes ist zwar gläubig, hat sich aber, seit sie zwanzig wurde, von der Kirche abgewandt. Ihr Unterbewusstsein ist jedoch noch heute der Meinung, man dürfe nur einen lebenslangen Partner haben. Also verhindert das Körperselbst, beeinflusst vom Unterbewusstsein, ein ungestörtes Sexualleben. Ihr Kopfbewusstsein ahnt nichts davon, es hat diesen Glaubenssatz längst abgetan. Dass dieser noch im Unterbewusstsein als gültige Wahrheit gespeichert ist, verblüfft Agnes völlig. Noch mehr überrascht es sie, dass das Unterbewusstsein ihren Körper entsprechend zu steuern vermag.

Seit ihrer Bewusstwerdung der Falschprogrammierung und deren Auflösung ist ein Jahr vergangen und Agnes bekommt ihre Menstruation regelmässig einmal monatlich.

---

25   Mit Hormonen und anderen Medikamenten

Bewusstsein allein kann nichts verändern

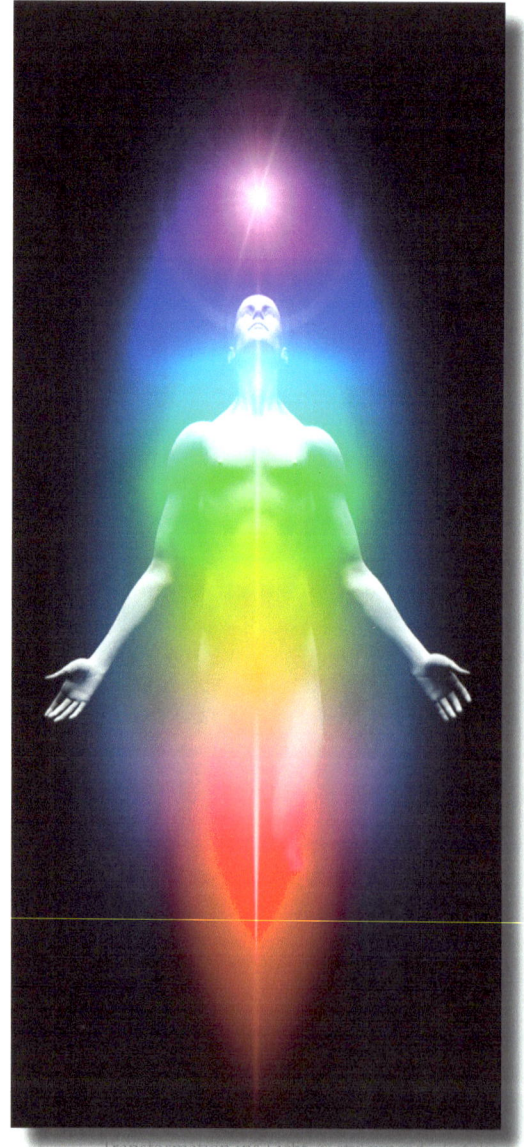

Transformation ins Licht © styleuneed - Fotolia

Die Ebenen der Energiekörper

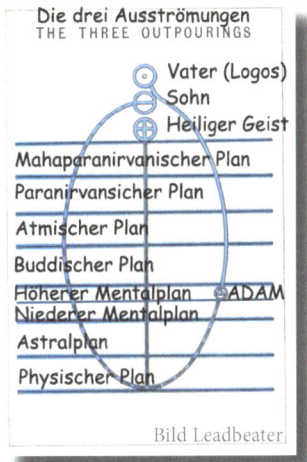

Wie im Falle von Angelina gesehen, hat der Mensch grosse Schwierigkeiten, sich in den energetischen Bereichen orientieren zu können. Das entsprechende Wissen fehlt oft, dadurch entstehen Irrtümer durch Begriffsverwirrungen und Unwissenheit. Da der Mensch, bedingt durch die Evolution, nicht mehr in der Position von Adam ist, hat er Vieles vergessen. Gottes Sohn kam aus der höchsten Ebene, um den Weg für den Heiligen Geist zu öffnen, wie das nebenstehende Bild von C.W. Leadbeater zeigt. Durch das Abtauchen in die Materie hat das kollektive Unbewusste das Wissen um seine Heimat verloren. Deshalb wurde Jesus Christus in die materielle Welt geboren, damit die vergessene geistige Erkenntnis im kollektiven Unterbewusstsein wieder verankert wurde. Da die Menschheit nicht mehr über die Astralwelt hinauskam, hat der Erlöser den Weg für den Heiligen Geist geöffnet und dem Menschen Hilfe für die Heimkehr zur Verfügung gestellt. *Die Heimkehr wird im dritten Geheimnis näher erklärt.* Leadbeater hat mit seiner Forschung einen differenzierten Weg der geistigen Entwicklung aufgezeigt, geneigte Leser finden die minutiöse Erläuterung in seinen Büchern, welche auch in deutscher Sprache im Buchhandel erhältlich sind.

Der fleischliche Leib unterliegt der Evolution, er gehört zur stofflichen Welt, zur Dualität. Der Seelenkörper besitzt den freien Willen, er ist gottgleich, kann sich aber entscheiden, ob er in der materiellen Gottferne[26] oder in himmlischen Bereichen leben will. Entscheidet er sich zur Gottnähe, kann er den Auferstehungsköper entwickeln. Er gehört zur geistigen Welt.

---

26 Natürlich ist diese Gottferne nur eine Illusion, nur das Bewusstsein kann sich abtrennen, im tiefsten Unterbewusstsein bleibt der Mensch immer verbunden

Adam befand sich im höheren Mentalplan

Der Theosoph C. W. Leadbeater zeigt mit seiner nebenstehenden Tabelle die menschliche Entwicklung auf: Zurzeit bewohnt das natürliche Bewusstsein des Menschen die ersten drei Stufen des physischen Planes[27]. Das war nicht immer so. Adam befand sich im höheren Mentalplan. Der Intellekt gehört zur unteren Mentalebene, während das Seelenbewusstsein die höhere Mentalebene bewohnt. Bis Mitte der dritten Ebene befinden wir uns in der Materie, in der Dualität. Erst ab „Arupa" beginnt der geistige Bereich der Einheit, die Seelenebene. Der Zugang zu dieser Ebene liegt im Herzfeld, wenn das Bewusstsein in hochschwingenden Gedanken ist. In der Zeit der geistigen Unwissenheit wurde die Astralwelt der materiellen zweiten Ebene mit den göttlichen Bereichen vier und fünf verwechselt. Die Ebenen vier und fünf erreicht die Seele mithilfe des Auferstehungskörpers.

Hier seien nur die wichtigsten Punkte erwähnt: Menschen, die in den unteren drei Ebenen des physischen Planes Nr. 1 zu Hause sind, akzeptieren nur, was bewiesen werden kann, sie sind sich ihrer Energiekörper nicht bewusst. Die vier oberen Ebenen von Plan Nr. 1 sind der ätherische Körper, die Meridiane und die Chakren, die dichteste Schicht des naturgebundenen Energiekörpers. Der Energiekörper kann durch mediale Sinne[28] bewusst wahrgenommen werden, das Unterbewusstsein reagiert jedoch darauf. Der Plan Nr. 2 ist das Jenseits, die Astralwelt, der Ankunftsort von Verstorbenen. Je nach spiritueller Entwicklung bleiben die Seelen unterschiedliche Zeit im Astralplan. Im Energiekörper entspricht dies dem Astral- oder Emotionalkörper. Solange nicht der Auferstehungskörper des Planes Nr. 4 entfaltet ist, unterliegt der Mensch dem Zwang der Wiederverkörperung. Die sieben Astral-Ebenen haben jeweils noch Unterebenen. Nachts, während des Schlafs, besucht der menschliche Energiekörper diese vielfältigen Daseinsbereiche. Auch im Wachbewusstsein können diese durchreist werden. Die vier materiellen Stufen der unteren Hälfte des Mentalplanes Nr. 3 sind Wohnsitz des Intel-

---

27   „Dense Body" = Fleischlicher Körper

28   Erweiterung der physischen fünf Sinne

lektes. Erst die drei Ebenen der oberen Hälfte vom Plan Nr. 3 sind das Heim des menschlichen Geistes und des Seelenbewusstseins, sie sind immateriell. Die Pläne Nr. 4 und Nr. 5 sind Heimat des Auferstehungsleibes.

PLANES OF NATURE
Die Pläne der feinstoffliche Welten oder Ebenen der Natur

7	**MAHÂPARANIRVÂNIC** Mahaparanirvanischer Plan	FIRST	TRIPLE MANIFESTATION
6	**PARANIRVÂNIC** Paranirvanischer Plan		SECOND
5	**NIRVÂNIC** Nirvanischer Plan	ATOMIC SPIRIT	THIRD THREEFOLD SPIRIT in MAN
4	**BUDDHIC** Buddischer Plan	ATOMIC The Reincarnating Ego or Soul in Man	INTUITION
3	Höherer Mentalplan ARUPA **MENTAL** RUPA Niederer Mentalplan	ATOMIC	INTELLIGENCE CAUSAL BODY MENTAL BODY
2	**ASTRAL** Astralplan	ATOMIC	ASTRAL BODY
1	**PHYSICAL** Physischer Plan	ATOMIC SUB-ATOMIC SUPER-ETHERIC ETHERIC GASEOUS LIQUID SOLID	ETHERIC DOUBLE DENSE BODY

Bild Leadbeater

Die Seele kann sich, kraft ihres freien Willens, nach oben in die Einheit entfalten oder sie kann im Astralplan und dadurch im Wiederverkörperungszwang bleiben. Diese Ebenen sind keine Orte, sondern Schwingungszustände, sie durchdringen einander und sind abwärts kompatibel. Das menschliche Bewusstsein kann nur die Bereiche erfassen, die seiner Eigenschwingung entsprechen. Es kann sich aus eigener Kraft bis zum niederen Mentalplan Nr. 3 entwickeln. Es kann aber auch die Hilfe des heiligen Geistes in Anspruch nehmen und bis zur Vereinigung mit dem göttlichen Geist, im Plan Nr. 5, aufsteigen.

Ausserkörperliche Erfahrungen

Nicht nur beim Tod, auch in der Nacht, kann sich der natürliche Energiekörper vom stofflichen Leib lösen und bleibt nur durch die sogenannte „Silberschnur" verbunden. Er kann sich vom physischen Leib lösen und „reisen". In der Regel ist sich der Schläfer dieser Reisen nicht bewusst oder tut sie als unwirkliche Träume ab. Die Seele kann, auch ohne entwickelten Seelenkörper, dem schlafenden Ego Botschaften senden. Diese werden oft als „Wahrträume" bezeichnet. Es kann manchmal geschehen, dass der Schläfer aufwacht, bevor sein natürlicher Energiekörper ganz mit dem physischen Körper verbunden ist, dann entstehen Lähmungsgefühle, die Angst machen. Die Persönlichkeit hat das Gefühl, nicht die volle Kontrolle über ihren Körper zu haben. Auch im Wachzustand kann es vorkommen,

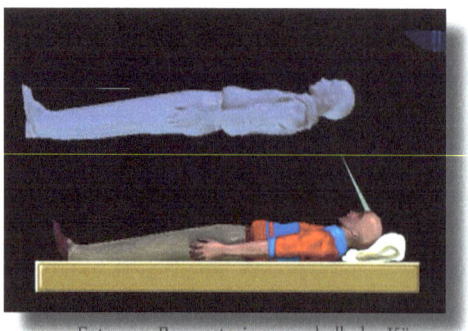

Foto zvg: Bewusstsein ausserhalb des Körpers

dass der natürliche Energiekörper den Körper verlässt. Welche dramatischen Erlebnisse damit einhergehen können, beschreibt Robert Monroe in einem Buch[29], das längst ein Klassiker ist.

Schamanen behaupten, dass sie sich in der Ausserkörperlichkeit an bestimmten Orten trafen und Konferenzen abhielten. Es gibt Erzählungen von Menschen, die während einer Operation, in Narkose, bewusst das Operationsteam und seine Gespräche und Handlungen wahrnehmen konnten. Inzwischen sind solche Berichte dermassen zahlreich, dass es von Ignoranz zeugt, wenn sie global als unwahr hingestellt würden. Sie zeugen von der Existenz der Energiekörper und des Bewusstseins, welches ausserhalb des physischen Leibes existieren kann.

Aura, Bild Leadbeater

---

29 Robert Monroe; „Der Mann mit den zwei Leben"

Zusammenfassung des 1. Geheimnisses

Das menschliche Bewusstsein der Persönlichkeit ist im irdischen Dasein aufgeteilt in das bewusste Denken (Intellekt) und Unterbewusstsein (Emotionen, Gefühle). Das bewusste Denken ist schwächer als das Unterbewusstsein: Das elektrische Feld des Kopfes ist 100 mal, sein Magnetfeld 5'000 mal schwächer als das Herzfeld. Das Herzmagnetfeld kann bis zu einem Bereich von über 2,5 Meter ausserhalb des Körpers gemessen werden. Das Herz ist nicht bloss eine mechanische Blutpumpe, es hat eine eigene neurale Intelligenz und ein Gedächtnis und ist der Sitz der Seele. Moderne Forschungen zeigen, dass das menschliche System hauptsächlich durch die Wahrnehmungen gesteuert wird, diese erzeugt Gefühle und Emotionen. Der moderne Mensch wird hauptsächlich von seinen unbewussten Emotionen gesteuert, denn diese "senden" über das Herzfeld und sind deshalb viel stärker als die bewussten Gedanken. Das Unterbewusstsein (Emotionen) und die Seele (Gefühle) können sich des Herzfeldes bedienen. Das schwache bewusste Denken kennt die Programmierungen seines Unterbewusstseins meist nicht, zudem verweilt es oft in der Vergangenheit oder in der Zukunft.

Das bewusste Denken, der Kopf, kann sich nicht direkt mit der Seele verbinden. Deren Sitz ist im Herzen und sie kann nur über die Kohärenz des Herzfeldes erreicht werden. Diese Schwingungsgleichheit wird durch die Gefühle Liebe, Dankbarkeit und Fürsorge erreicht. Heute ist der Mensch von Natur aus mit seinem natürlichen Ego-Bewusstsein verbunden, seine Seelenverbindung und die Verbindung mit Gott muss er suchen.

Die Bibel meint mit dem „Körper aus Lehm" nicht den stofflichen, sondern den energetischen materiellen Leib, den sogenannten natürlichen Energiekörper. Er ist unsterblich und leidensunfähig und mit paranormalen Gaben sichtbar und sieht aus wie die Persönlichkeit.

Den Seelenkörper erschuf Gott nach seinem Bild und schenkte ihm den freien Willen. Seine Erscheinung ist engelhaft, gleicht aber auch der Persönlichkeit. Der Seelenkörper kann sich nur entwickeln, wenn die Persönlichkeit - das Bewusstsein und die Psyche - damit einverstanden sind. Gott ordnete alle Regungen der Seele und Begierden, so dass sie dem Gebote der Vernunft stets gehorchen müssen. Das Seelen-Bewusstsein entspricht dem Überbewusstsein. Aus dem Seelenkörper kann sich, nur mit Gottes Hilfe, später der Auferstehungskörper bilden.

Weder Seelenkörper noch Auferstehungskörper entstehen von selbst, sondern nur, wenn der Mensch bewusst das Gottesbewusstsein sucht und ein ethisch-spirituelles Leben führt. Er kann auch durch die göttliche Gnade geschenkt werden, wie Jesus, der Christus, es gelehrt hat. Der Auferstehungskörper ist gesund, ohne Krankheiten, nicht durch Alterung verändert. Er gleicht der Persönlichkeit in ihrer besten Präsenz, er bildet einen Heiligenkranz um den Kopf. Sein Bewusstseinsanteil entspricht dem Gottesbewusstsein. Hat der Mensch den Auferstehungskörper entwickelt, ist er vom Zwang der Reinkarnation befreit.

Engel © rolffimages - Fotolia

Ausserkörperliche Erfahrungen

Himmelstreppe © germanjames - Fotolia

Zweites Geheimnis

Sowohl das Natürliche, wie das Seelenbewusstsein können sich weiter entwickeln. Gemäss der Reinkarnationslehre kommt der Mensch nicht als unbeschriebenes Blatt, sondern mit einer Vergangenheit, in das irdische Leben. Auch die Seele entwickelt sich, solange, bis sie erleuchtet ist. Wie erkennt man ein weit entwickeltes Bewusstsein? Oft sind diese Menschen hochsensibel. Sie sind tiefgründig, machen sich über vieles Gedanken. Sie sind grosszügig, wenig bis gar nicht egoistisch, liebenswert, feinfühlig, oft depressiv. Je nach Umgebung und Erziehung können sie auch unter Aggressionsausbrüchen leiden. Diese entstehen durch eigene und fremde negative Emotionen, die Energiekörper und Unterbewusstsein belasten. Die materielle Welt erdrückt diese Hochsensiblen buchstäblich, schwächt sie, so dass sie ihre innere Grösse nicht erkennen können.

Viele hyper- oder hypoaktive Kinder haben ein weit entwickeltes Bewusstsein. Das bedeutet, sie besitzen grosse Geisteskräfte und haben ein starkes Herzfeld. Da die Seele der Vernunft untergeordnet ist, müssen auch sie sich, wenn sie grösser werden, bewusst mit ihrer Seele verbinden. Je nach Umgebungseinflüssen stärkt das Herzfeld ihre Liebe, ihr Vertrauen oder ihre negativen Emotionen; Aggressionsausbrüche sind beim letzteren die Folge. Wird das herrschende Paradigma erweitert und korrigiert, wird die Gesellschaft erkennen, dass der Geist stärker ist als die Materie, denn sie ist aus Geist entstanden und nicht umgekehrt. Unsere Vorfahren mahnen durch ihr hinterlassenes Wissen vor allem bei Kindern, nicht mehr nur den schwachen Intellekt zu schulen, sondern auch die Verbindung zur Seele über das Herzfeld und dessen Entwicklung zu fördern. Das Ahnenwissen zeigt auf, dass das Wettbewerbsdenken nicht länger die Gesellschaft steuern sollte, sondern „das Recht des Stärkeren" durch Zusammenarbeit ersetzt werden sollte. Da die Vergangenheit zyklisch ist, hatte die Menschheit ähnliche Krisen wie die heutige bereits erlebt und hochstehende Kulturen hatten viele der heutigen Probleme bereits einmal gemeistert. Die Gesellschaftsentwicklung basiert auf der individuellen Entwicklung, deshalb kann jeder einzelne Mensch die Welt verändern. Natürliches und seelisches Bewusstsein entwickelt sich stetig. Das natürliche Bewusstsein benötigt die Reifungsphase, wie bei den „fünf Klassen" aufgezeigt, bevor es sich bewusst mit seiner Seele verbinden will und kann und dann geht die Entwicklung mit den 12 Schritten weiter. Das Seelenbewusstsein besitzt im geistigen Bereich den freien Willen, es kann sich entwickeln, wenn es will oder es sein lassen.

Die Bewusstseins-Schule

Gemäss dem ersten Geheimnis kann sich der Mensch mit dem Bewusstsein seiner Persönlichkeit oder mit dem seiner Seele verbinden, das heisst, er kann in der Materie verhaftet leben oder sich in Gott finden. Es erscheint logisch, dass Bewusstsein sich entwickelt. Die Entwicklungsschritte der Bewusstseinsklassen lassen sich beispielsweise symbolisch erklären wie die Lektionen der Grundschule. Wenn der Mensch zum ersten Mal in Kontakt mit der Materie kommt, will er diese auskosten, mit all seinen Sinnen und Möglichkeiten. Er verhält sich wie der Säugling, welcher nur für seinen Körper lebt. Nur die Wünsche seines stofflichen Leibes sind ihm wichtig. Er lebt für seinen Körper, ertüchtigt ihn im Sport oder verschönert ihn mit Kosmetik. Er lebt für Geld und Karriere und materiellen Wohlstand; diesen zu erreichen, ist sein Lebensziel. Er befindet sich in der *ersten Klasse der Bewusstseinsentwicklung*.

Nach der Säuglingsphase lernt das Kleinkind durch Erfahrungen. Nur das, was es anfassen, riechen, schmecken, hören, fühlen kann, ist existent. Was ihm widerfährt, bringt es weiter, wenn es sich einmal verbrannt hat, wird es das Feuer scheuen. Analog kann das Bewusstsein der *zweiten Klasse* nur akzeptieren, was erfahrbar ist. Nicht nur einzelne Menschen sind in der Bewusstseinsschule, auch das Völkerbewusstsein entwickelt sich. Der Mittelmeerraum erlebt zurzeit die grösste Immobilienkrise seiner Geschichte. Die betroffenen Länder hätten Informationen zur Vermeidung zur Verfügung gehabt, doch sie konnten sie nicht fassen. Sie lernten weder aus dem amerikanischen noch aus verschiedenen europäischen Immobiliencrashs. Sie mussten die Krise selber erleben.

Kann das Kind kommunizieren, lernt es mittels Wissensvermittlung. Es geht zur Schule, kommuniziert und erweitert seinen Horizont. Das Bewusstsein entwickelt sich ähnlich durch wissenschaftliche Erkenntnisse. Es wird geschult, liest Bücher, besucht Kurse. Im Stadium der *dritten Klasse* kann es nur akzeptieren, was überprüfbar, messbar, nachweisbar ist. Diese Einschränkung ist Folge der Altersentwicklung. Menschen dieser Bewusstseinsstufe können hochdekorierte Forscher und herzensgut, liebenswert, hochintelligent sein. Trotzdem verstehen sie die höheren Bewusstseinsgrade nicht. Völker mit grosser Industrialisierung und Spitzentechnologien sind in der dritten Klasse.

In der *vierten Klasse* erfährt das Bewusstsein den Wert der kosmischen Liebe; es weiss nun, dass mehr zurückkommt, wenn es ohne Erwartung gibt. Es lernt aber auch, dass Liebe manchmal Grenzen setzen und „nein" sagen heisst. Wenn eine Mutter aus „Liebe" dem natürlichen, unbegrenzten Bedürfnis nach Geborgenheit von ihr und dem Ungeborenen nachgeben und es nicht durch den schmerzhaften Geburtsprozess pressen würde, bedeutete dies ihrer beider Tod. Auch bei der Kindererziehung muss sie immer wieder „nein" sagen. Länder mit humanitären Projekten und tätiger Entwicklungshilfe sind im Völkerbewusstsein der vierten Klasse.

Langsam ist das Bewusstsein reif genug, um sich bewusst mit der Seele verbinden zu wollen. In der letzten, *fünften Klasse*, erkennt das Bewusstsein sein Mitschöpfertum. Es übernimmt Verantwortung für die Umwelt und achtet andere Lebewesen. Es erkennt, dass alle Menschen gleichwertig sind. Nationen- und Völkerbewusstsein sind nicht mehr bestimmend. Alle Menschen, die Schwarzen, Roten, Gelben und Weissen, sind gleichwertig und kennen ihre gemeinsame geistige Ur-Quelle. Sie sind erwachsene, liebevolle, verantwortungsbewusste, geistig verbundene Erdenbürger. Nach der „Volksschule" besucht das Bewusstsein die *Universitätsklasse* und spezialisiert sich als geistiger Lehrer, Heiler, Prophet und vieles anderes mehr.

Die heute inkarnierte Menschheit besteht zu fünfundachtzig Prozent aus Zweit- bis Viertklässlern der Bewusstseinsschule. Hochsensible gehören oft zu den übrigen fünfzehn Prozent, den Fünftklässlern oder Studenten der Bewusstseinsuniversität. Es sei hiermit nachdrücklich betont, dass diese Bewusstseinsentwicklung keine Wertung bedeutet. Es fällt niemandem ein, einen Siebenjährigen als wertloser zu betrachten, nur weil er als

Erstklässler seine altersgerechten Lernschritte macht. Selten sind Menschen sich ihrer Bewusstseinsentwicklung bewusst. Älteres Bewusstsein wird oft vom jüngeren unterdrückt und leidet unter „dem Leben"; materielle Gegebenheiten sind ihm zu schwierig, es hat Mühe mit triebhaftem Verhalten und glaubt an das Gute in allen Lebewesen. Ist nur ein weitentwickeltes Bewusstsein in eine Familie geboren, fühlt es sich oft unverstanden und sehr einsam. Es wird unbewusst versuchen, seine Liebsten auf seine Bewusstseinsstufe zu holen, was aber unmöglich ist. Wie es das Beispiel von Martina und Mark in den nachfolgenden Geschichten zeigen wird.

Will ein älteres Bewusstsein ein jüngeres von seiner Ethik überzeugen, verhält es sich falsch. So, wie jener Bewusstseins-Maturant, der ein Problem mit Algebra hat. Keiner seiner Mitschüler ist da, der Lehrer nicht erreichbar, er kennt die Lösung für seine Aufgabe nicht. Da kommt sein bester Freund, ein intelligenter Drittklässler der Bewusstseinsschule. Der Student versucht ihm im Schnellzugstempo Algebra beizubringen und fragt ihn danach um Hilfe für seine Aufgabe. Natürlich kann sein Freund ihm nicht helfen, er beschäftigt sich erst mit dem Einmaleinsrechnen und kann die Algebra-Erklärungen nicht nachvollziehen. Zum Schluss sind beide frustriert, der „Maturant", weil er sich nicht verständlich machen konnte und der „Drittklässler", weil er nicht verstehen konnte, obwohl er ein intelligenter, gebildeter Erwachsener ist. Auch wenn der Versuch geglückt wäre, hat der Ältere nicht das Recht dazu. Er darf den Jüngeren nicht auf seine Stufe ziehen, denn dadurch hindert er ihn an seiner stufengerechten Entwicklung und überfordert ihn. Er verstösst sogar gegen das geistige Gesetz des freien Willens.

Naturgemäss vergisst das Bewusstsein wegen dem Geburtsvorgang in die Materie seine geistige Vergangenheit. Eine alte Seele, die in eine Umgebung von Drittklässlern geboren wird, nimmt sich selber auch als Primarschüler wahr und glaubt Drittklässler zu sein. Der Mensch verhält sich dann wie der Adler im Hühnerhof[30].

---

30   siehe Seite 62 ff

Martina's ungerechte Chefin

Martina arbeitet in einem Grossraumbüro. Sie gehört zu dem Team, das Bestellungen annimmt, diese administrativ bearbeitet und weiterleitet. Die Tätigkeit gefällt ihr, die Arbeitszeit stimmt und mit dem Lohn ist sie zufrieden. Ihre Chefin hat ein offenes Ohr für die Belange der Mitarbeiter. Bloss ihre Ungerechtigkeit macht Martina immer mehr zu schaffen. Fleissig und pflichtbewusst erledigt sie ihre Arbeit. Obwohl sie mit ihrer Freundin hie und da ein paar private Worte wechselt, liegt ihr Auftragsvolumen stets über dem „Soll" der geforderten Leistung. Ausgerechnet sie wird von der Chefin wegen Geschwätzigkeit gerügt. Andere im Team, die viel mehr reden und weniger leisten, bekommen kaum Verweise. Diese Ungerechtigkeit der Vorgesetzten verleitet sie dazu, sich nach einer neuen Stelle umzusehen. Martina versteht die Welt nicht mehr, was hat die Chefin gegen sie, warum ist sie so parteiisch? Ist sie eifersüchtig auf ihre Beziehung mit ihrer Freundin? Das kann sein, es kann aber auch einen anderen Grund geben.

Sie ist eine alte Seele.

Martina ist hochsensibel, ihr Bewusstsein ist weit entwickelt und sie macht sich um viele weltliche Dinge und Geschehen ihre Gedanken. Im Gespräch mit ihr stellt sich schnell heraus, dass sie eine alte Seele ist. Sie ist eine lichtvolle, liebenswürdige Person. Ihre Chefin ist auch sehr sensibel und vertritt eine Ethik, die über dem Durchschnitt liegt. Sie ist Gruppenleiterin, die im Sandwich zwischen der Chefetage und den Arbeitern ist. Unbewusst hat sie in Martina eine Seelenverwandtschaft entdeckt und möchte sich auf sie stützen, daher nimmt sie Martina und ihre Freundin stärker aufs Korn, als die anderen. Die Chefin ist sich ihrer eigenen Bewusstseinsentwicklung nicht bewusst, erkennt sie aber intuitiv bei Martina und erwartet von ihr deshalb eine Vorbildfunktion, die sie selbst nicht wahrnehmen kann.

Martina kann, nach Erkennen des Stoffes der vierten Bewusstseinsklasse, die Zusammenhänge verstehen; sie merkt, dass ihre Chefin wegen des Grossraumbüros nicht anders handeln kann, obwohl sie die geforderte Leistung erbringt. Die anderen im Team können die Leistungen von Martina nicht beurteilen, sie sehen nur ihre Schwatzhaftigkeit und erwarten eine Sanktion. Im Sinne der Gleichbehandlung musste ihre Chefin reagieren. Martina verlegt nun ihre Gespräche mehr auf die Pausen und die Freizeit und langsam bekommt sie ein gutes Verhältnis zu ihrer Chefin und sie bleibt an ihrem Arbeitsplatz.

Mark und die Sandkastenspiele

Mark ist ein fähiger Techniker und Teamleiter in einer grossen Firma. Mit allen Mitteln motiviert und fördert er seine Mitarbeiter und erwartet auch einiges von ihnen. Sein Führungsstil ist gradlinig, ehrlich und offen, er korrigiert und tadelt, vergisst jedoch nie zu loben. Ein idealer Chef. Und doch eckt er immer an. Ihm ist nicht bewusst, dass seine Ethik der universitären Bewusstseinsklasse entspricht und seine Untergebenen und Vorgesetzten ihm nicht folgen können. Er ist geduldig und liebevoll, verzweifelt aber gleichzeitig innerlich. Fragen quälen ihn: „Was mache ich falsch, warum verstehen sie mich nicht, wiederholen immer die gleichen Fehler?" Die Konkurrenzkämpfe, das Karrieredenken, das Tratschen gehen ihm auf die Nerven. Obwohl er seine Kompetenzen nie überschreitet, versucht sein Vorgesetzter stets, ihn in die Schranken zu weisen oder ihn vor der Gruppe klein zu machen. Mark möchte fliehen, doch er weiss nicht weiter, denn bei seiner vorherigen Stelle erlebte er Ähnliches.

Er kennt das zweite Geheimnis nicht.

Er verhält sich so, wie ein unverständiger Erwachsener, der Kinder beim Sandburgen bauen beobachtet und ihr Spiel nicht versteht. Für die Kleinen sind ihre Bauten reale Welt, mit Eifer leben sie in ihrer selbstgeschaffenen Illusion, die für sie Realität ist. Statt in ihre Welt einzutauchen und sich daran zu freuen, geht er hin, streicht mit seinem Fuss darüber und zerstört sie. Geduldig erklärt er daraufhin den Kleinen, das sei nur Sand gewesen. Hat er sie in ihrer Entwicklung gefördert oder gebremst? Mark hat nicht verstanden, dass sein Bewusstsein, seine Ethik, weiter entwickelt ist, als die seiner Arbeitskollegen, er hat sie überfordert. Statt ihre „Sandkastenspiele" zu akzeptieren, hat er sie zerstört und sie damit vor den Kopf gestossen. Es liegt keine Wertung in dieser Aussage. Im Gegenteil, Mark zeigte zu wenig Wertschätzung für seine Kollegen, weil er ihre Bewusstseinsentwicklung falsch einschätzte. Sie waren in der „dritten und vierten Klasse", während er ein „Maturant" der Bewusstseinsschule ist. Der Ältere ist für die Jüngeren verantwortlich, deshalb hätte er seine Ansprüche ihrer Entwicklung anpassen müssen. Das menschliche Unterbewusstsein kann den Bewusstseinsgrad wahrnehmen. Unbewusst erzeugt es beispielsweise eine innere Abwehr gegen den „Maturanten", den Menschen mit dem grösseren Bewusstsein, der vorgibt, ein „Drittklässler" zu sein, obwohl ihn äusserlich nichts unterscheidet. Das führt so weit, dass Menschen mit weit entwickeltem Bewusstsein nie voll dazugehören. Ihr liebenswertes, hilfsbereites Verhalten vermag diese unbewusste Sperre der anderen nicht zu überbrücken. Dadurch fühlen sich diese „Bewusstseins-Maturanten" während ihrer Kindheit oft einsam. Sie können sich sogar insgeheim fragen, ob sie in der richtigen Familie gelandet seien. Oft sind sie hypersensibel und sensitiv. In ihrer Gutmütigkeit führen sie die unerklärliche Abwehr der Umwelt auf ihre Schwäche zurück. Ihre eigene Grösse kennen sie nicht, da ihr Ego in der Regel nicht stark ausgeprägt ist. Stets sind sie bereit, anderen zu helfen, wie es der Fall von Mark zeigt. Noch krasser ist es im Fall von Angelina. Sie hatte ein weit entwickeltes Bewusstsein, aber ihr Charakter war von Selbstüberschätzung geprägt, die jegliche Hilfe verunmöglichte. Diese Überheblichkeit des Egos war aus schwachem Selbstbewusstsein entstanden. Angelina war beliebt gewesen, sie hatte vielen Menschen geholfen, nur sich selber nicht.

Mark ist sehr hilfsbereit, er würde für seine Untergebenen durch das Feuer gehen und er hilft, wo er nur kann. Mit diesem Verhalten verstösst er gegen das geistige Gesetz.

Weil er den anderen ungefragt hilft, hindert er diese in ihrer Entwicklung und gestattet ihnen nicht, eigene Erfahrungen zu machen. Dies ist ein Recht, das Gott allen Menschen zugestanden hat. Als „Maturant" muss Mark mehr Verantwortung tragen als ein „Drittklässler". Er muss stets erforschen, in welcher Bewusstseinsklasse sich das Gegenüber befindet und es in seiner Klasse *lassen*. Im Gegensatz zu Tieren können Menschen Selbstbewusstsein entwickeln. Allerdings können sie sich auch verhalten wie der Adler im Hühnerhof, indem sie sich ihres eigenen Wertes überhaupt nicht bewusst sind.

Der Adler im Hühnerhof

Ein Landwirt fing einmal einen jungen Adler und steckte ihn in seinen Hühnerhof. Nach kurzer Zeit benahm sich der Adler wie ein Huhn, er pickte wie die anderen Körner vom Boden. Eines Tages besuchte ein Jäger den Landwirt. Er staunte, als er den grossen Vogel sah. „Das ist kein Adler mehr", meinte der Bauer, „der ist zum Huhn geworden!" Doch der Jäger entgegnete: „Ein Adler bleibt immer ein Adler! Sieh seine prächtigen Schwingen. Auch sein Herz fühlt anders als ein Huhn!" Doch der Besitzer blieb bei seiner Meinung: „Er hat das Fliegen verlernt!" Der Jäger wollte es auf einen Versuch ankommen lassen. Er hob den Adler vom Boden und schwang ihn mit einem kräftigen Wurf in die Luft. Doch der Vogel setzte sich sofort wieder auf den Boden und pickte weiter. Der Tierkenner gab nicht auf, er trug ihn auf das Dach des Hühnerstalls und warf ihn hoch. Der Vogel schlug jetzt zwar einige Male mit den Flügeln, als er aber unten die Hühner picken sah, gesellte er sich wieder zum Federvieh. Der Jäger sagte sich:

Seeadler© Michael Rosskothen - Fotolia

„Ein Adler bleibt sein Leben lang ein Adler!" Er stieg mit ihm auf einen Berg hinter dem Bauernhof, in eine andere Umgebung. Oben warf er ihn wieder hoch und schrie ihm zu: „Los, mächtiger König der Lüfte. Kehre in die Freiheit zurück!" Vergebens. Die Flügelschläge waren zu schwach, um ihn über den Erdboden zu heben. Enttäuscht dachte der Mann nach. Da sah er die Sonne hoch am Himmel. „Das ist es!", sagte er, nahm den Kopf des Adlers und liess ihn geradewegs in die Sonne blicken. Und plötzlich stiess der Adler einen Schrei aus, sein Körper zitterte, und mit den mächtigen Schlägen seiner Schwingen hob er sich in die Lüfte – höher und höher – und kehrte nie wieder zurück. Quelle: Frei nach James Aggrey

Die Parabel zeigt, dass ein Lebewesen, welches sich selber nicht bewusst ist, sein Lebensziel nicht lebt. Deshalb wird auf allen geistigen Wegen in erster Linie Selbstbewusstsein gefordert. Menschen, die ihre Bewusstseinsentwicklung nicht erkennen, entwickeln in der Regel auch ihre Stärken und Talente nicht. Dann ergeht es ihnen wie dem Adler im Hühnerhof. Der Jäger konnte dem Adler nicht helfen. Erst durch den Blick zur Sonne konnte der Adler sich selbst erkennen und erhob sich in die Lüfte. Sinnbildlich ist mit der Sonne die geistige Quelle gemeint, von der sich der Mensch abtrennen kann, wenn er will. Er kann sich jedoch jederzeit wieder mit Gott verbinden, wenn er geistig wachsen will.

Die zwölf heiligen Steine

Da die menschliche Seele den freien Willen besitzt, kann auch sie sich mit Hilfe der geistigen Quelle weiterentwickeln, wenn sie will. Wie könnte diese Bewusstseins-Entwicklung aussehen? Sie ist auch in der Bibel ein Thema, allerdings mit Symbolsprache verdeckt.

Exodus 28, Johannes Offenbarung: *„Die Seele aber schuf Gott nach seinem Bild und Gleichnis und stattete sie mit freiem Willen aus."* ...*„und er führte mich hin im Geist auf einen grossen und hohen Berg und zeigte mir die grosse Stadt, das*

> *heilige Jerusalem; ihr Licht war gleich dem aller edelsten Steine, einem hellen Jaspis. Und sie hatte eine grosse und hohe Mauer und zwölf Tore. Das erste war ein Jaspis, das andere ein Saphir, das dritte ein Chalzedonier, das vierte ein Smaragd, das fünfte ein Sardonyx, das sechste ein Sarder, das siebente ein Chrysolith, das achte ein Berill, das neunte ein Topas, das zehnte ein Chrysopras, das elfte ein Hyazinth, das zwölfte ein Amethyst*[31].

Wenn von „Jerusalem" die Rede ist, meint dieses Symbol das menschliche Herz, den Sitz der Seele. Der Apostel Johannes hat mit den Steinen der Apokalypse eine Entschlüsselung aufgezeigt. Er spricht von zwölf Bewusstseinsstufen des heiligen Herzens, also der Seelenentwicklung des Menschen. Differenziert hat er sie mit den zwölf Steinen, die auch das Diadem des Hohepriesters schmücken. Das Wissen der zwölf heiligen Edelsteine baut auch auf alten keltischen Überlieferungen auf. In der keltisch/orthodoxen christlichen Linie ist diese Lehre noch erhalten. Die Gottesoffenbarung ist danach fortwährend und fortschreitend und durchdringt alles. Im Mineralienreich ist die göttliche Energie in ursprünglicher, unverfälschter Form präsent. Edelsteine sind sehr starke Energieträger; im Gegensatz zu den anderen Reichen der Natur haben sie weder Emotional- noch Mentalbereiche entwickelt. Sensible Menschen können fühlen, dass Behandlungen mit Bachblüten, geistigem Heilen oder Homöopathie wirken. Wieso sollte es sich da bei den kraftvollen Edelsteinen anders verhalten? All diese Therapien beeinflussen das Bewusstsein, haben deshalb auch immer eine psychische Wirkung. Kraft des freien Willens kann der Mensch diese wohltuenden Einflüsse total blockieren. Das Pflanzenreich besitzt einen Emotionalbereich, das Tierreich ausserdem einen Intelligenzbereich.

Bereits die alten Ägypter benutzten Edelsteine zum Heilen. Aberglaube? Nein! Messgeräte haben aufgedeckt, dass beispielsweise die natürliche Schwingung von Jade exakt der einer gesunden menschlichen Niere entspricht. Im feinstofflichen, nervlichen Bereich kann dieser Stein somit das Organ stärken.

Modernste Technik hat das Wissen der alten Ägypter bestätigt. Werden diese Edelsteine mit den astrologischen Tierkreis-

---

31   siehe Seite 68 ff

zeichen verbunden, sind sie in ihrer psychologischen Wirkung auf menschlicher Ebene fassbarer. Astrologie ist die älteste menschengemachte Wissenschaft, welche die Geheimnisse der Schöpfung ergründen und dem Menschen zu mehr Selbsterkenntnis verhelfen will. In vereinter Form helfen Edelsteine und astrologische Symbole dem Bewusstsein mehr zu verstehen und besser gewahr zu werden. Warum diese Bewusstseins-Entwicklung wichtig ist, wird das dritte Geheimnis offenbaren.

Psychologische Astrologie ist die Wissenschaft der Selbsterkenntnis. Sie beschäftigt sich besonders mit der Periodizität, den Zyklen der Lebensprozesse; Wachstum und Verfall der Vegetation sind von Schöpfungskräften kontrolliert, die mit Sonne, Mond und Sterne identifiziert werden. Die Sternenkunde entspricht dem Studium des universalen Mysteriums periodischer, dynamischer Transformationen, die auch den Menschen betreffen. Die periodischen Veränderungen werden als der grundlegende Wesenskern vom Leben schlechthin angesehen. Sie zeigen sowohl die Entwicklung der Menschheit, wie auch des menschlichen Bewusstseins auf.

Die alten Chinesen symbolisierten diese Gesetze auch in den Hexagrammen des I Ging, in ihrem „Buch der Wandlungen", offensichtlich eine spätere Umwandlung der früheren chinesischen Astrologie. Danach ist die Erde der Mikrokosmos, das Universum der Makrokosmos; wie oben so unten. Das heisst, Entwicklungen auf der Erde finden analog im „Himmel" (meint im Geist) statt und können am Himmel abgelesen werden. Wollte der König in einen Krieg ziehen, fragte er die Astrologen nach dem richtigen Zeitpunkt. Wenn am Firmament der Kriegsgott Ares[32] präsent war, herrschte auf Erden die passende Energie, um den Feldzug, mit Hilfe der kosmischen Kräfte, zu gewinnen. Sterndeutung zeigte den Bauern aber auch die besten Saatzeiten an. Sie bildete für die Geschöpfe ein fassbares Ordnungssystem, auf dem beispielsweise Kalender aufgebaut wurden.

Erst spät im Mittelalter, in Alexandria, wurde der Mensch als individuelle Existenz betrachtet, die Astrologie begann Horosko-

---

32   Ares, der griechische Kriegsgott, entspricht dem Planeten Mars, der zum Zeichen Widder gehört

pe für Personen zu erstellen. Vor rund fünftausend Jahren in Chaldäa und im alten China bezog sich die Astrologie nur auf die Erde, den Staat und die Gemeinschaft oder Sippe. Sie war somit auf rein biologischen Konzepten aufgebaut, dynamisch und vital erklärte sie alle Ursachen der Erscheinungen auf der Erde. Auf diesem vitalistischen System entstand mit zunehmendem Wissen ein mentaler Überbau. Priester zeichneten die Positionsänderung der Himmelskörper auf. Sie ordneten sie tabellarisch an, verglichen und studierten ihre Bewegungen. Durch das Beobachten der zyklischen Abläufe wurden sie sich abstrakter Werte gewahr, dadurch gewannen sie geistige Erkenntnisse.

Astrologischer Tierkreis © elizaliv - Fotolia

Die Astrologie denkt generell inhaltlich und fragt nach dem „Warum". Dies ist die Frage nach der Sinnhaftigkeit, die das Bindeglied zwischen der Welt als Erscheinungsform und dem Menschen darstellt.

Zwölf Entwicklungsschritte

Gott hat dem Seelenbewusstsein die materielle Welt zu Füssen gelegt, es aufgefordert, sie zu erkennen und über sie zu herrschen. Niemals war damit „herrschen" im egoistischen Sinn gemeint, wie es später praktiziert wurde. Das Wort „herrschet" meint hier: führen, hegen, pflegen, verantwortlich für das Wohlergehen sein.

Die Seele soll in das Kleid der Materie eintauchen, es bietet ihr Schutz und Nahrung. Die zwölf astrologischen Zeichen zeigen die Bewusstseins-Entwicklung der Menschheit, wie sie sich vom Jägerdasein zur Sesshaftigkeit, zur Grossfamilie, zur Volksangehörigkeit und zum Nationenbewusstsein entwickelte.

Der Tierkreis zeigt, wie der Mensch die tierischen Egotriebe der Materie überwindet und die Verbindung zum Himmel, zum wahren Menschsein, findet. Während die vorgangs erwähnten fünf „Bewusstseins-Klassen" eher die Entwicklung der Persönlichkeit respektive des materiellen Bewusstseins zeigen, geht es hier eher um das Seelenbewusstsein.

Naturgemäss kommt der Mensch bei den fünf „Klassen" schneller vorwärts, da er vom Gruppenbewusstsein getragen wird. Die Stufen der Seelenentwicklung sind eine Verfeinerung der fünf Klassenschritte. Jede Seele muss alle zwölf Schritte durchwandern. Dazu wird sie wahrscheinlich mehrere Leben brauchen.

„Widder" bedeutet nicht, dass der Mensch noch als Jägersmann lebt, sondern dass er das Wettkampfs-Bewusstsein eines Jägers oder Nomaden hat. Karmische Astrologie kann allenfalls aufzeigen, wann und in welcher Inkarnation eine Stufe besonders wichtig ist oder wo die Seele noch etwas aufarbeiten will. Die Edelsteine sind energetische Helfer, sie können das Bewusstsein befähigen, besser in die Energie des Entwicklungsschrittes einzutauchen. Sie werden am Körper getragen, oder in Wasser eingelegt, das getrunken wird.

Entwicklungsschritt Widder/Jaspis

Der rote Jaspis bewahrt vor negativen Einflüssen, nimmt schlechte Schwingungen auf, harmonisiert Körper und Geist. Er bringt Ausdauer, Mut, Zielstrebigkeit und Durchhaltevermögen. In der Widder-Phase lebt der Mensch als Nomade, Viehhüter und Jäger. Er ist ohne festen Besitz und Wohnsitz, ständig unterwegs. Sein Selbstbewusstsein erwacht langsam und er beweist seine Existenzberechtigung gegenüber seiner Umwelt. Widder bedeutet Impuls, unbändige Kraft, die hervorbricht und sich unbedingt manifestieren will. Zusammengefasst bedeutet dieser erste Schritt: Materie, Natur als Ganzes zu erkennen, zu erfahren und wertzuschätzen. Verantwortung für Land und Geschöpfe zu übernehmen und sich daran erfreuen.

Entwicklungsschritt Stier/Saphir

Saphir fördert die Klarheit der Gedanken, Zielstrebigkeit, Konzentration, Kreativität, Erkenntnis, geistiges Wachstum, Treue, Freundschaft, Motivation, Wahrheitsliebe, Ruhe, innere Freiräume, Frieden, Toleranz. Er harmonisiert den Emotionalkörper. Rubin und Saphir haben dasselbe Muttergestein, deshalb können Saphire rot, rotblau oder blau sein. In der Stier-Phase wird der Mensch sesshaft und ergreift Besitz und verteidigt ihn. Er wird Ackerbauer oder Viehzüchter. Stier bedeutet Bewährtes festhalten, verteidigen, Wiege der Traditionen und Normen, Naturverbundenheit, Sicherheit. Im zweiten Schritt geht

es darum, in der Materie sesshaft zu werden, Sicherheit und Schutz zu finden und zu geben. Mit Pflanzen und Tieren ein freundschaftliches Verhältnis aufzubauen und dadurch sich selbst und die Schöpfung mit ihren Geschöpfen zu erkennen.

Entwicklungsschritt Zwillinge/Chalzedon

Blauer Chalzedon fördert die Verständigungskraft. Er klärt Verstand und Geist. Er macht offener für Ideen und hilft diese umzusetzen. Stärkt die Fähigkeit des Zuhörens und sich mitzuteilen und die Freude am Kontakt mit anderen Lebewesen. Neue Situationen werden erfasst

und Widerstände leichter besiegt. In der Zwillinge-Phase tritt der Mensch zum ersten Mal in Kontakt mit seinem Nachbarn. Er tauscht aus. Der Austausch ist noch oberflächlich und unverbindlich. Zwillinge bedeutet Kommunikation und Kontakte in-

tellektueller Art und dadurch entstehen Ansammeln von Wissen, Handel und Diplomatie. Der dritte Schritt ist geprägt von Kommunikation. Im Austausch mit anderen Menschen, Tieren, Pflanzen und der Natur lernt die Seele, gibt von ihrem geistigen, intellektuellen Wissen und erfährt dadurch die Wissenschaften und den Geist der Materie.

Entwicklungsschritt Krebs/Smaragd

Smaragd fördert Ausgeglichenheit, Klarheit, Sinn für Schönes, Harmonie-

bedürfnis, Liebe zur Natur, Individualität, Durchsetzungsvermögen, Lebenslust,

Kreativität, Zusammenarbeit, Freundschaft, Partnerschaft. In der Krebs-Phase wird der eigene Clan, die Familie, die Sippschaft wichtig. Durch die Kommunikation der Zwillinge-Phase hatte sich der Mensch gefragt, woher er kommt, wohin er gehört und wo er Geborgenheit findet. Das kollektive Unbewusste bildete sich. Krebs bedeutet Geborgenheit, Familie, Sippschaft, Verwurzelung, Mütterlichkeit, umsorgen. Mit dem vierten Entwicklungsschritt erkennt die Seele auf ihrem Individualisierungsweg die Einheit der Geschöpfe Gottes. Sie merkt, dass nicht nur biologische Verwandtschaft, sondern Seelenverwandtschaft wichtig ist. Sie umsorgt andere und sich selbst. Sie findet und gibt Geborgenheit.

Entwicklungsschritt Löwe/Sardonyx

Sardonyx bringt erhöhte Selbsterkenntnis und Selbstbeherrschung. Gedanken und Wünsche werden reiner empfunden und entsprechen mehr dem persönlichen Leben und eigener Lebenserfüllung. Er verstärkt aber nicht den Egoismus, sondern verleiht die Eigenschaft, Freundschaften zu vertiefen.  In der Löwe-Phase taucht das um drei Erfahrungen reichere Ich-Bewusstsein der Widder-Phase wieder aus dem kollektiven Unbewussten auf. Die Gesellschaft sammelt sich um einen Mittelpunkt, einen König. Löwe bedeutet Ich-Bewusstsein, Autorität, Zentralpunkt, Führer, Richtlinien, Zusammenleben. Der fünfte Schritt ist die Überwindung des Egoismus. Selbstverantwortung übernehmen und sich gleichzeitig für Schwächere und Bedürftige einsetzen, ohne deren Entwicklung zu behindern. Sich selber achten, als Sohn oder Tochter Gottes wirken und sich seiner Stellvertretung in der Materie gewahr sein.

Entwicklungsschritt Jungfrau/Sarder

Sarder in roter Farbe wird auch Karneol genannt. Er schenkt die Energie reiner, selbstloser Kraft. Er hilft, offener und emanzipierter den Mitmenschen gegenüber zu treten. Er vermittelt Gewissen-

haftigkeit und Selbstkontrolle und stärkt Disziplin und Ausdauer. In der Jungfrau-Phase wendet sich der Mensch den Einzelheiten zu, die in der Löwe-Phase etwas verlorengegangen waren. Alles wird kritisch untersucht und von Ungerechtigkeiten gereinigt, aus dem Standpunkt der Praxis in die richtige Reihenfolge gebracht. Dadurch ergeben sich viele Widersprüchlichkeiten. Jungfrau bedeutet Säuberung, Blick für das Detail, praxisbezogen, dienen. Der sechste Schritt nach der Überwindung des Egos bringt die Spezialisierung der Kräfte. „Arbeit in fremden Diens-

ten" etabliert sich, Ordnung, Sauberkeit und Exaktheit. Spezialisten lösen „Allrounder" ab; das Bewusstsein lernt seine speziellen, persönlichen Talente zu entdecken und sie zum Wohl der Umwelt und zur eigenen Bereicherung auszuleben. Es beginnt damit, der Schöpfung, dem grossen Ganzen, zu dienen und sich dabei seines Wertes bewusst zu sein.

Entwicklungsschritt Waage/Peridot

Chrysolith wird auch Peridot genannt. Seine Energie vertreibt negatives Denken und schlechte Gefühle. Sie öffnet für Neues. Die Energie verstärkt Toleranz und das Liebesgefühl in der Partnerschaft. Seine Schwingung wird ebenfalls bei verschiedenen Formen der Gefühls-

kälte empfohlen. In der Waage-Phase strebt der Mensch danach, Harmonie zu finden. Die verlorene Zweiheit und die Differenzierung der Jungfrau-Phase sind bewusst und werden wieder vereint. Aus diesem Harmoniebedürfnis entsteht allerdings ein Mangel an Spontanität und viele Dinge werden nur oberflächlich

gelebt. Waage bedeutet Gegensätze verschmelzen, Harmoniebestreben, Ästhetik, Genuss, Kunst. Im siebten Schritt versteckt sich ein grosses Harmoniebedürfnis. Nachdem die ersten sechs Schritte vor allem der Ich-Entwicklung galten, wendet sich dieses dem „Du" zu. Der individualisierte Mensch begegnet selbstbestimmt dem Du und erkundet die Partnerschaft in all ihren Formen. Gleichzeitig entsteht ein grosses Bedürfnis nach Harmonie und künstlerischem Ausdruck. Damit verbindet sich auch die Aufgabe, die Schönheit der Natur zu erkennen und zu bewahren.

Entwicklungsschritt Skorpion/Berill

Berill hilft bei Nervosität und Überreizung und emotionalen Ausbrüchen, fördert die Selbstsicherheit und bietet Schutz für Körper und Seele. Der weisse Beryll wurde von den Juden verehrt, da er den Glauben zu Gott festigen soll. In
© Galyna Andrushko - Fotolia
der Skorpion-Phase steht das tiefgründige Erleben im Vordergrund. Der Schlamm unverarbeiteter, gemeinschaftlicher Instinkte wird gesäubert. Die Kraft des Skorpions zeigt sich auch in einer grossen Leidenschaftlichkeit und unermesslichen Liebesbedürftigkeit. Skorpion bedeutet Tiefgründiges, erdbezogene Kraft, Leidenschaft, Liebesbedürftigkeit. Der siebte Schritt ist die erste grosse Reinigungsphase. Durch das Harmonie- und Schönheitsbedürfnis der sechsten Entwicklungsstufe blieb vieles unverarbeitet. Es senkte sich in das individuelle und kollektive Unterbewusstsein und bildete dort gärenden Schlamm. Diese Kloake wird nun aufgedeckt und gesäubert. Im Tierkreis symbolisiert

 Skorpion die grösste Spannbreite an energetischer Kraft, wurde doch als Symbol der Adler und die Schlange gewählt. Es ist die Phase der starken Intuition und gewaltigen Mentalkraft, darum will Skorpion alles hinterfragen und erforschen. Seine grosse Aufgabe besteht darin, Vertrauen zu lernen, damit Liebe nicht zerredet und zerstört wird.

Entwicklungsschritt Schütze/Topas

Der Topas ist der Stein der Weisheit. Er wurde in Streitfällen zur Wahrheitsfindung benutzt. Er ermöglicht, die Weisheit aus Wendungen des Schicksals zu erkennen und geistig zu neuen Durch-
© Joachim Opelka - Fotolia

brüchen zu gelangen. Man lernt durch ihn zu sich selbst zu stehen und seinen eigenen inneren Reichtum zu entdecken. Er führt langfristig zur Autorität über das eigene Leben zurück. Er wird astrologisch oft dem Zeichen Löwe zugesprochen, aber auch dem Planeten Jupiter, welcher Schütze symbolisiert. In der Schütze-Phase findet ein Bewusstseinssprung statt. Nach der Reinigung der Skorpion-Phase erwachen das Ideal, das unmittelbare Wissen und die Weisheit, der Pfeil, die Energie ist nach oben gerichtet. Schütze bedeutet Ideale, Lebensweisheit, höheres Wissen,

göttliche Inspiration, Religion. Nach der Reinigungsphase vom achten Schritt sucht nun die Seele die Vereinigung mit dem Himmel. Sie hat die Materie erkundet, ihre Schönheit erkannt und liebt sie und will nun ihre Abspaltung überwinden. Sie will sich, in ihrer Individualität, bewusst mit Gott verbinden und die Schöpfung einen.

Entwicklungsschritt Steinbock/Chrysopras

Chrysopras reinigt und entgiftet Geist und Seele. Unnützer, seelischer Ballast wird entfernt. Er wirkt bei Alpträumen, Ängsten und Gereiztheit. Er löst inwendige Widersprüche, verhilft zu mehr Selbstvertrauen und steigert die innere

Zufriedenheit. Der Chrysopras dient als Stein der Hoffnung und der Erneuerung. Neue Lebensaufgaben werden hinsichtlich ihrer Energie besser und weitsichtiger gemeistert. In der Steinbock-Phase kristallisieren sich das Ideal und die Ahnungen der Schüt-

ze-Phase in eine praktische, sinnvolle Form. Durch diese Fixierung auf die Nützlichkeit kann das Menschliche manchmal zu kurz kommen. Steinbock bedeutet Vorstellungen in eine brauchbare Form bringen, praxisnah und zweckmässig. Im zehnten Entwicklungsschritt wendet sich das Seelenbewusstsein dem erweiterten Du, der Gesellschaft, in welcher es lebt, zu. Zivilcourage und Verantwortungsbewusstsein sind in dieser Entwicklungsphase wichtig. Die individuelle Verbindung mit der Quelle wurde im neunten Schritt vollzogen, nun werden die philosophischen Erkenntnisse in die materielle Verwirklichung gebracht. Dabei geht es nicht nur um das Individuum, sondern um die Gesellschaft, um die Schöpfung; Einstehen für ein Kollektiv, ohne persönlichen Vorteil daraus zu ziehen. Das Wohl der Gemeinschaft wird über das eigene Wohlergehen gestellt.

Entwicklungsschritt Wassermann/Hyazinth

Hyazinthenergie steht für Kreativität und freie Entfaltung. Sie ermöglicht das Abschütteln von Vorurteilen und befreit aus festgefahrenen Lebenssituationen. Sie hilft in eine neue Welt einzutauchen, um innovative Handlungsweisen und Strukturen zu finden. Die Energie vertreibt Minderwertigkeitsgefühle und gibt mehr Selbstvertrauen. In der Wassermann-Phase befreit sich der Mensch von allen „äusseren" Einschränkungen und von oben auferlegten Direktiven. Die Wahrheit wird immer von innen heraus gelebt. Eigene Gefühle und Fiktionen werden zur Norm erhoben. Daraus ergibt sich eine neue Form des Zusammenlebens. Wassermann bedeutet Befreiung, Individualisation, Reformation, Unabhängigkeit. Der elfte Schritt ist der Weg zur unstofflichen, wahren Freiheit.

Die zehnte Phase erschuf neue Strukturen und Verhaltensmuster, dadurch entstanden Verkrustungen und Abhängigkeiten. Nun wird der Mensch zum geistigen Revolutionär, er wirft Altes über Bord. Er wird erwachsen und ist selbstverantwortlich. Sein Freiheitsbedürfnis wird nicht länger auf Kosten anderer ausgelebt. Er erkennt sein Mitschöpfertum und was damit verbunden ist.

Das neue Zeitalter, welches jetzt beginnt, ist das Wassermann-Zeitalter, eine neue Zeit beginnt. Das Wassermann-Zeitalter versinnbildlicht das Erwachsen werden der Menschheit. Es bringt neue Werte, fordert neues Denken.

Entwicklungsschritt Fische/Amethyst

Amethyst eignet sich hervorragend zur Meditation, da er die Intuition fördert und die Wahrnehmung steigert. Er beruhigt, stärkt den Willen, bringt Freude, macht Mut und spendet Trost. Amethystenergie befreit von seelischen Belastungen und Ängsten. In der Fische-Phase  schliesslich wird die Lossagung und Abkehr von jeder stofflichen Form gesucht. Die Erfahrungen des alten Kreises werden erlöst, damit sich wieder ein neuer Kreislauf bilden kann. Fische bedeutet Auflösung und Vergeistigung aller physischen Formen, Vorbereitung zur Wiedergeburt oder zur Auferstehung. Mit dem

 zwölften Schritt wird der Kreis geschlossen, der Mensch hat seine Dreifaltigkeit erkannt; er entwickelte sein natürliches Bewusstsein und sein Seelenbewusstsein und will nun sein Gottesbewusstsein erfahren. Mit der bewussten Entfaltung seines Auferstehungskörpers bekommt er das individuelle ewige Leben geschenkt.

Diese zwölf Schritte sind keineswegs als zwingende Seelenschritte anzusehen, sie symbolisieren nur ein mögliches Entwicklungsbild. Je nach Veranlagung wird der eine Mensch seine Antworten eher bei der Astrologie finden. Ihr Wissen ist intellektuell eher fassbar, als beispielsweise die energetischen Informationen der Edelsteine. Beide Informationsquellen dürfen aber nicht als „Rezeptbuch" missbraucht werden. Sie stellen symbolische Schlüssel dar, um die inneren Wissensspeicher aufzuschliessen. Jede Stufe beinhaltet individuelle Informationen und doch basieren sie auf einer gemeinsamen Wissensgrundlage. Wie der Apostel aufgezeigt hat, befindet sich der Tresor im menschlichen Herzen und dieses öffnet sich nicht aufgrund blosser intellektueller Anstrengungen. Der Weg zu den inneren Informationen entfaltet sich durch Ruhe, Hingabe, Liebe und mit Hilfe des echten Wunsches, etwas erfahren zu wollen.

Je weiter das Bewusstsein entwickelt ist, umso eher ist der Mensch zur Verbindung mit der göttlichen Energie bereit. Dank der göttlichen Gnade, steht es ihm völlig frei, wie viele Seelenschritte und in welcher Reihenfolge er durchschreiten will. Auf jeder Stufe kann er den Auferstehungsleib erhalten, wenn er die göttliche Verbindung sucht.

Geschieht diese Verbindung automatisch? Fällt sie sensitiven, sensiblen Menschen leichter? Die Antwort ist zweimal „nein", wie die folgenden Überlegungen zeigen.

Automatische Verbindung des Bewusstseins

Auch das weit entwickelte Bewusstsein untersteht dem geistigen Gesetz und verbindet sich, bei der Verstofflichung in der Materie, nicht automatisch mit der Seele. Nur wenn das Bewusstsein der Persönlichkeit und das Unterbewusstsein (Ego), sowie die Seele einverstanden sind, kann die innere Verbindung mit dem Heiligen Geist entstehen. Die Seele wird sich selten weigern, sie hat aber die Möglichkeit, wenn sie will. Sogenannte „alte Seelen", Menschen mit hohem Bewusstsein, haben es oft schwieriger, sich im jetzigen Leben mit ihrem Seelenbewusstsein zu verbinden, als weniger bewusste, naturverbundene Menschen. Die Energiekörper der „alten Seelen" sind in der Regel sehr durchlässig, lichtvoll und dadurch sind diese Menschen sensibel und sensitiv. Da dies angeboren ist, wird es den Betroffenen oft nicht bewusst, sie leben wie die grosse Masse. Sie passen sich dem Gesellschaftswissen an und vergessen ihr ursprüngliches Wissen. Auch sie meinen, sich mit dem Kopf statt mit dem Herzen mit Gott verbinden zu können. Wenn sie jedoch nicht freiwillig, bewusst und unbewusst die Gottesverbindung etablieren, werden sie, wie schon erklärt, buchstäblich von Fremdenergien belagert, weil ihr eigener Schutz nicht aufgebaut ist. Sie brauchen die Verbindung mit dem inneren göttlichen Licht, nur dieses kann sie wirklich schützen. Ihre Aura weist Öffnungen auf, durch diese können feinstoffliche Energien in ihr System eindringen, damit diese Menschen sie „lesen" können; sie sind parapsychologisch begabt oder sensitiv. Das hat auch Nachteile, bleiben diese Energien in ihrem System, weil sie im Unterbewusstsein ähnliche finden, wird der Betroffene energetisch belastet. Das menschliche System betrachtet Fremdenergien als „Feinde" und ist dadurch gestresst, ausserdem werden die eigenen negativen Emotionen, falls vorhanden, verstärkt. Nur durch die Verbindung mit dem göttlichen Licht sind diese Menschen geschützt; fremde negative Energien schaden dann nicht mehr. Wie sich der fehlende Schutz auswirken kann zeigt die folgende Geschichte.

Viele jetzt geborene Kinder sind sehr sensibel und sensitiv. Meist sind sie „alte Seelen", welche mit einem überdurchschnittlich entwickelten Bewusstsein auf Erden kommen. Sie werden oft verkannt und ihre medialen Fähigkeiten werden als psychische Probleme diagnostiziert. Wenn sie die Herzensbindung nicht lernen, verlieren sie ab dem sechsten Lebensjahr ihre Seelenverbindung. Als durchlässige Wesen nehmen sie dann viele Energien auf, produzieren oft Aggressionsausbrüche, welche die Psychologie verkennen kann. Es sind nicht nur eigene Aggressionen, sondern aufgenommene Gedanken und Gefühle von Anderen, die sie äussern. Medikamente helfen bei diesem Problem nicht; oft sind sie eine überflüssige, einengende „Zwangsjacke" für das fortgeschrittene Bewusstsein der Kinder. Ihr Ego, ihre Persönlichkeit muss erzogen, zur Herzensbindung geführt werden.

Sarah hat Angst

Sarah ist ein zehnjähriges Mädchen, ein Kind des neuen Zeitalters. Sie lebt in einer ganz normalen Familie. Spiritualität, Bewusstseinsentwicklung, neues Zeitalter, sind keine Themen, die in ihrem Heim angesprochen oder diskutiert werden. Die Familie ist im gesellschaftlichen „normalen" Leben verwurzelt. Die Mutter merkt zwar, dass das Kind „anders" ist, weiss aber nicht warum. Eines Tages entwickelt Sarah eine grosse Angst vor der Schule. Jedes Mal, wenn sie ins Klassenzimmer kommt, wird ihr so schlecht vor Angst, dass sie sich übergeben muss. Wenn die Mutter sie begleitet und hinter ihrem Stuhl wartet, bis der Lehrer im Schulzimmer ist, kann das Erbrechen verhindert werden. Schulpsychologische Abklärung bringt keine Besserung und man findet keine Ursache. Sarah ist hypersensibel, deshalb wird ihr eine Form des Medikamentes Ritalin verordnet. Die Mutter gibt sich damit nicht zufrieden, sie möchte die Ursache der Beschwerden kennen. Sarah ist nicht nur sehr sensibel, sie ist auch sensitiv. Da diese Fähigkeit angeboren ist, kann sie sie nicht erkennen und auch nicht benennen. Es ist für sie völlig normal und fällt ihr gar nicht auf, wenn sie Schmerzen von anderen Menschen am eigenen Leib spürt, deshalb spricht sie auch nicht darüber. Seit einiger Zeit hat sich diese Fähigkeit unbemerkt verstärkt, verursacht wahrscheinlich durch die Vor-Pubertät. Wenn sie allein und ungeschützt in das Klassenzimmer kommt, überfällt sie ein Chaos von Gefühlen, Unbehagen, teilweise vielleicht auch

Schmerzen, die nicht zu ihr gehören,

was sie aber nicht weiss. All diese fremden Energien verursachen in ihrem Körper Stress und ihr Vegetativum kollabiert fast, so dass sie brechen muss. Beim Feststellen dieser Störung meint die Mutter plötzlich: „Oh weh, hat sie das auch. Ich habe die Geburtsschmerzen meiner besten Freundin an meinem Körper miterlebt, in der Heftigkeit, wie sie sie gefühlt haben muss. Ich wagte bisher nicht, jemandem davon zu erzählen, da ich Angst hatte, verrückt zu sein". Wie erklärt man Sensitivität[33] einer Zehnjäh-

---

33   Sammelbegriff für die Fähigkeit, neben dem rationalen Denken und Lernen, unmittelbares Wissen über die verschiedensten Sinne zu erlangen, wird je nach dem als Vorausahnung, Intuition, Hellsichtigkeit, Hellfühlen, sechster Sinn, als übersinnliche Fähigkeit oder als aussersinnliche Wahrnehmung bezeichnet. Sensitivität scheint eine allgemein verbreitete Veranlagung zu sein, vergleichbar mit der Begabung für Musik oder Sport. Auch hochbegabte Sensitive müssen sich in der Regel ausbilden lassen und lernen, mit ihrer Fähigkeit richtig und nutzbringend umzugehen. Manche Sensitive erleben ihre Veranlagung als Belastung oder Bedrohung. Quelle: PSI-Zentrum Basel

rigen, und was kann sie dagegen tun? Da Medialität und Sensitivität auch immer mit versteckten Heilfähigkeiten einhergehen, liegt da eine mögliche Lösung. Tatsächlich hat Sarah schon oft der Mutter den Nacken massiert und deren Spannungsschmerzen verschwanden dadurch. Wie die Tochter, so die Mutter: auch sie müsste eigentlich diese Fähigkeiten haben, obwohl sie es nicht glaubt. Versuchsweise legt sie ihre Hand auf Sarah's Magengegend und das Kind spürt sofort eine entspannende Wärme. Mutter und Tochter lernen sich gegenseitig die Hände aufzulegen und Sarah lernt sich mit ihrer „Heilerhand" zu schützen, wenn sie das Schulzimmer betritt. Sie probiert es aus und es funktioniert. Die Mutter muss sie von nun an nicht mehr zur Schule bringen. Ihre Angst und ihr Brechreiz sind weg. Sie hat ihre Seelenstärke und ihre Heilfähigkeiten akzeptiert und lebt nun bewusst damit. Sie ermuntert ihre Mutter, ihr gleich zu tun. Wo gibt es weitere Hilfe für sie? Wir leben in einer neuen Zeit. Helfen die kosmischen Energien bei der menschlichen Bewusstseinsentwicklung auch mit?

Kosmisches Neujahr

Die menschliche Gesellschaft entwickelt sich weiter, eine neue Zeit hat begonnen, für diese Entwicklung kann die Astrologie ebenfalls Deutungshilfe bieten. Warum und wie? Im Weltraum bleibt nichts stehen, auch die Sonne nicht. Den meisten Menschen ist der astrologische Tierkreis bekannt, wie ist er entstanden? Er basiert auf der Umlaufbahn der Erde um die Sonne. Die Zeitspanne von einem irdischen Jahr wird in die zwölf Abschnitte, analog der Monate, aufgeteilt. Das astronomische Jahr beginnt am 21. März zur Zeit der Frühlings-Tag- und Nachtgleiche. Widder, Stier und Zwillinge entsprechen den Frühlingsmonaten; Krebs, Löwe und Jungfrau sind die Sommermonate; Waage, Skorpion und Schütze die Herbstmonate und Steinbock, Wassermann und Fische symbolisieren die drei Wintermonate. Am 21. Dezember findet die Wintersonnenwende statt, das heisst, das Sonnenlicht, welches sich seit dem 21. Juni, der Sommersonnenwende, zurückzog, kehrt zurück. Ab 2. Februar, dem Lichtweihfest, werden auch die Wärmestrahlen die Erde wieder erreichen und den Frühling vorbereiten. Ähnlich wie bei der individuellen Entwicklung kann die Astrologie auch bei den kollektiven Entwicklungsschritten zur Deutungshilfe beigezogen werden. Die Sonne mit all ihren Planeten kreist ihrerseits um eine Zentralsonne der Milchstrasse, ihre Umlaufbahn entspricht ungefähr sechsundzwanzig tausend Jahren. Teilt man diese Bahn ebenfalls in zwölf Abschnitte auf, erhält man die sogenannten astrologischen Zeitalter. Gegenwärtig tritt unser Universum in das Tierkreiszeichen Wassermann ein, dem kosmischen Frühlingspunkt. Das heisst, ein neues, universelles Jahr fängt an. In vielen alten Prophezeiungen[34] ist von diesem „kosmischen Neujahr" die Rede, meistens aber mit anderen Benennungen. Ungefähr im Jahr 2013 beginnt für die Erde das Wassermann-Zeitalter. Vorboten wie die Hippies schnitten dieses Thema bereits in den sechziger Jahren an. Sie waren die „Blumenkinder", welche eine bessere, friedlichere, spirituelle Welt verlangten. Sie waren Revolutionäre, von der neuen Epoche geprägt und besassen ein grosses Freiheitsbedürfnis. Nur diesen Begriff hatten sie verwechselt. Im Wassermann-Zeitalter geht es nicht um materielle Freiheit, um das Leben auf Kosten anderer, sondern um geistige Freiheit. Es bringt neue Werte und neues Denken.

Der Autor Hans Sterneder schreibt in seinem Buch „Das kosmische Weltbild": „Es geht alle 2'000 Jahre ein anderer göttlicher Strahl suchend über die Erde, und das Volk, welches in seiner Mentalität diesem entspricht, nimmt ihn und offenbart ihn in seiner Religion als Ausdruck kosmischen Äons". Sterneder erklärt, seit der Epoche von Atlantis gebe es einen Abstieg des unstofflichen Wissens. Zu Beginn des christlichen Zeitalters befinde sich die Menschheit in der „Zeit der tiefsten geistigen Unwissenheit". Seine Aussage deckt sich mit kirchlichen und anthroposophischen Eindrücken.

Sterneder war, wie Gregg Braden, überzeugt, dass die Entwicklung spiralförmig sei. Zum Zeitpunkt des kosmischen Neujahres könne die Achse kippen; wenn die Menschheit nicht bereit sei, komme es statt des bevorstehenden Aufstieges zum Abstieg, wie es zur Zeit von Atlantis[35] geschah. Demzufolge gab es die ne-

---

34   Kalender der Maya, indische Veden, Hopi-Prophezeiungen usw

35   Wie der Geologe Braden aufzeigt, finden sich heute Spuren von Zivilisationen, welche über 10'000 Jahre alt sind, obwohl noch keine archäologischen Funde von Atlantis bekannt sind, ist es sehr wohl möglich, dass es diese Zivilisation gab.

gativen Prophezeiungen für 2012. Viele befürchteten, dass die Achse wieder drehe. Sie waren überzeugt, es brauche eine kritische Masse[36] von Erdbewohnern, die bereit zur Aufwärtsentwicklung seien. Diese könne dann die Restlichen „mitziehen".

Stonehenge © Pitcha-1 – Fotolia

Die benötigte kritische Masse ist inzwischen erreicht worden, viele Feinfühlige spüren, wie sich die gesamte Schwingung in unserem Sonnensystem seit einiger Zeit kontinuierlich erhöht hat. Entsprechend treten weltweit heftige Turbulenzen auf, weil längst noch nicht alle Menschen auf dem Weg sind. Die in Gang gesetzte Entwicklung des Eintrittes ins kosmische Neujahr und der damit verbundene Aufstieg sind zum jetzigen Zeitpunkt nicht mehr

---

36   nach dem heutigen Stand der Wissenschaft etwa 5 - 10 Prozent. Der britische Biologe Rupert Sheldrake erklärte dies mit den «morphogenetischen oder morphologischen Feldern», sie speichern alles Erlebte, Gedachte, Erkannte oder Erfundene und stehen allen Geschöpfen als Wissensspeicher zur Verfügung.

umkehrbar. Nur noch die Individuen können sich kraft ihres freien Willens dagegen auflehnen. Da sie dadurch gegen den Strom schwimmen, erfahren sie die entsprechenden Wirbel.

Das Wassermann-Zeitalter versinnbildlicht das Erwachsen werden der Menschheit. Im vorherigen Fische-Zeitalter entstanden die sozialen Netze, es war dadurch auch Autoritätsabhängigkeit installiert worden. Da die Erdbevölkerung sich vorher im Abstieg befand, lebte sie nicht die Transzendenz, sondern verstrickte sich in Sucht- und Fluchttendenzen der eher negativen Fische-Seite. Mit der Wassermann-Phase kann sich nun das grosse Freiheitsbedürfnis, aber auch die Revolution auf sämtlichen Ebenen etablieren. Die Vorherrschaft des materiellen Denkens muss der Ethik des spirituellen Individuums weichen. Neue Werte nehmen Form an. Freiheit wird nicht einfach als frei von allen Bindungen verstanden, sondern als individuelle Denk- und Handlungsfreiheit, die nicht vom Egoismus beherrscht ist. Der Mensch wird wieder lernen, dass er ein geistiges Wesen ist. Er wird in neuer Form seine Verantwortlichkeit gegenüber der Materie wahrnehmen können. Er kann sich mit kosmischer Hilfe wieder mit seiner Seele und den himmlischen Kräften verbinden. Dadurch erkennt er seine Rolle als Mitschöpfer und kann entsprechend handeln. All diese Änderungen werden langsam und schrittweise, im kosmischen Rhythmus, bewirkt. Dieser erste von drei „Frühlingsmonaten" dauert 2'160 Menschenjahre.

Sonnenaktivität wirkt auf das Bewusstsein

Der Biophysiker Dieter Broers vertritt die These, Astro-Physiker hätten entdeckt, dass eine Supernova aus Sagittarius A, nahe beim schwarzen Loch, im Zentrum unserer Galaxis, hochenergetische Strahlung und Radiowellen Richtung Erde sende. Die Frequenzen dieser Wellen benützen wir, nach Broers, seit Jahrzehnten für therapeutische Zwecke. Er meint, sie bewirke eine signifikante Bewusstseinserweiterung. Im Vorgang könne sie allerdings psychische Störungen wie Depressionen oder Burnout auslösen. Die Intensität dieses kosmischen Einflusses sei sehr hoch und steige noch bis März 2013 an, bevor er schwächer werde. Fiktion oder Wahrheit? Tatsache ist: Wichtig für alle Erdbewohner ist die Sonnenaktivität, und diese ist gegenwärtig sehr hoch und bewirkt eine Bewusstseinssteigerung. Da der Mensch den freien Willen besitzt, geschieht geistiges Wachstum nicht automatisch, diese kosmische Strahlung kann sich deshalb bei vielen zuerst in ihrer negativen Form zeigen. Durch bewusstes Wachstum kann dies jederzeit bedingungslos geändert werden.

> Dieter Broers sagt im Film (R)Evolution 2012[37]: „Meiner Meinung nach hat alles, was im Äusseren passiert, seine Ursache im Bewusstsein. Dabei beziehe ich mich auch auf die Forschungen des deutschen Physikers Burkhard Heim, der dies in seinem zwölfdimensionalen Modell schlüssig darlegen konnte. Insofern hat das Äussere immer eine Entsprechung im Inneren. Die Psychosomatik gibt uns hierfür ein gutes Beispiel – meine Denkhaltungen wirken sich auf mein Soma (Körper) aus. Hier finden wir das „Hermetische Gesetz" wieder – „wie oben, so unten". Die moderne Quantenphysik zeigt uns nun zusätzlich, dass unsere Wirkkraft des Geistes nicht an unserer Hirnrinde endet. Im Kollektiv gesehen, wirkt das Massenbewusstsein auch auf unsere Naturkräfte. Der geistige Einfluss von Menschenmassen auf äussere Ereignisse konnte experimentell an der Princeton-Universität von R. G. Jahn nachgewiesen werden. Betrachten wir das bekannte Phänomen „Krankheit als Weg", so können wir unsere Krisen und Katastrophen als ein Zeichen dafür erkennen, dass etwas in unserer Denk- und Geisteshaltung fehlgeleitet ist. Aus der Medizin ist bekannt, dass die Behandlung von Symptomen zu keiner nachhaltigen Heilung führt. Eine wahrhaftige Heilung erfolgt erst, wenn die krankheitsverursachende Quelle eliminiert wird – ein Prozess, der besonders bei Krebspatienten zu beobachten ist."

Zusammenfassung des 2. Geheimnisses

Das materielle Bewusstsein der Persönlichkeit entwickelt sich, es muss lernen, das Ego zu beherrschen, bevor es bereit ist, sich mit Hilfe des Herzfeldes mit der Seele zu verbinden. Eine mögliche Entwicklungstheorie stellen die fünf Klassen dar, in welchen das Ego lernt, den Körper, die Emotionen, zu kontrollieren, aus dem Denken in das Fühlen zu kommen, andere Menschen zu achten und über Grenzen hinauszuwachsen. Auch ein weit entwickeltes Bewusstsein muss allerdings den irdischen Weg gehen, der Mensch muss in jedem Fall sein Ego überwinden, um in den Kontakt mit der Seele zu kommen. Menschen mit weit entwickeltem Bewusstsein sind oft sehr sensibel und sensitiv, dadurch werden sie mehr mit materiellen, emotionalen Energien behaftet, was ihren Weg nicht einfacher macht.

Die materielle Persönlichkeit ist weitgehend von Emotionen, von Glaubenssätzen im Unterbewusstsein gesteuert, während die Seele den freien Willen besitzt. Es steht ihr frei, ob sie sich mit dem Schöpfer und der geistigen Welt oder mit der Materie verbinden will. Deshalb greifen spirituelle Kräfte auch nicht automatisch ein, wenn sich in der materiellen Welt ein Unbill aufbaut, sondern sie warten auf die menschliche Einladung. Diese Willensfreiheit bedeutet auch, dass es keinen strafenden Gott gibt. Gott akzeptiert, dass der Mensch Schatten erschaffen muss, um das Licht erkennen zu können. Licht wirft keinen Schatten.

Die Seele kann sich, wenn sie will, in der materiellen und der geistigen Welt weiter entfalten. Der Apostel Johannes beschreibt zwölf mögliche Seelenschritte mit den heiligen Steinen der Apokalypse. Die Bibel benützt „Jerusalem" als Synonym für „Herz", wo sich der Sitz der Seele befindet. Er erzählt, dass das heilige Jerusalem zwölf Tore aus Edelsteinen hatte. Dieselben Steine schmücken auch das Diadem des Hohepriesters, in der Meinung, dass er die zwölf Schritte gemeistert hat. Die heiligen Steine können zur besseren Deutungsmöglichkeit mit dem Tierkreis der

Astrologie verbunden werden. In nicht veröffentlichten Schriften des Apostels finden sich entsprechende Hinweise. Die Energie der Steine stärken das Herzfeld und erleichtern die Verbindung mit der Seele.

Das gesellschaftliche Unbewusste entwickelt sich ebenfalls. 2012 bedeutet, dass sich die Menschheit an der Schwelle eines neuen Zeitalters, dem „kosmischen Neujahr", befindet. Nach der materiellen Individualisierung wird dieses nun in eine neue, selbstverantwortliche, selbstbestimmte Geistigkeit führen. Da die kritische Masse erreicht ist, steht dieser Aufstieg fest und seine energetische Anpassung erreichte mit der Wintersonnenwende am 21.12.12 ihre Wirkung und Entfaltung. Die alte Welt ist vorbei, die neue Zeit beginnt. Unser Ahnenwissen hat uns darauf vorbereitet.

Göttliche Energie © Nikki Zalewski - Fotolia

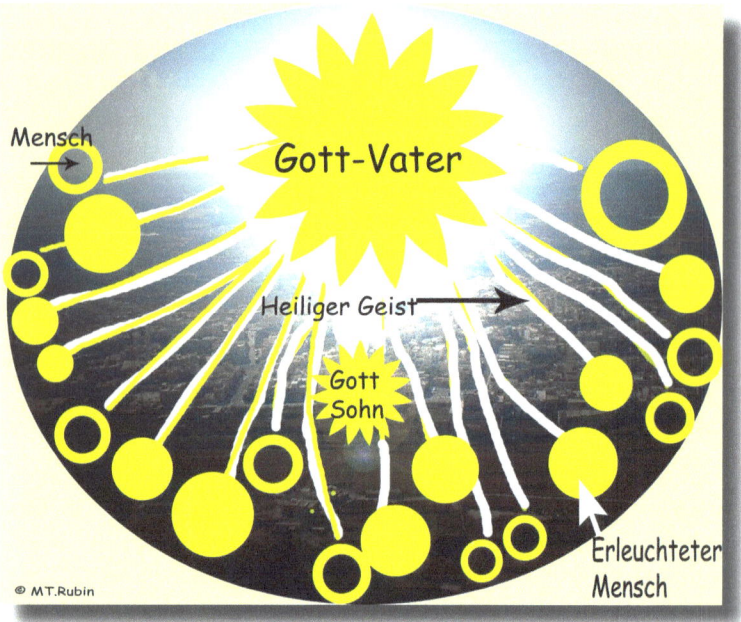

Bild: © M.T. Rubin

Drittes Geheimnis

Die innere Göttlichkeit kann nur in Kontakt mit der Seele wirklich erreicht werden. Bleibt der Mensch im Persönlichkeitsbewusstsein verankert, kann er Gott selbstverständlich auch erreichen, aber er kann keine stabile, anhaltende Verbindung herstellen. Die Schwingung der Materie wird sich seiner immer wieder bemächtigen und entsprechend wird sich sein energetisches System in ständigem Auf- und Abbau befinden. Momente von Glückseligkeit katapultieren ihn in wahre Euphorie, während Traurigkeit, Anspannung, Resignation ihn in Depression manövrieren werden. Stabile Verbindung bedeutet, dass der energetische Seelenkörper aufgebaut wird, damit sich daraus der Auferstehungsleib entwickeln kann. Dieser Aufbau der Seelenverbindung geschieht über die Gefühle des Herzfeldes. Nicht nur indogene Völker und Geisteswissenschaften haben Hilfen aufgezeigt, auch das christliche Wissen zeigt energetische Wege auf.

Dreifaltigkeit neu gesehen

Der Heilige Geist kann helfen, doch wie kann er überhaupt erreicht werden? Was sagt die christliche Botschaft dazu? In der geistlichen Botschaft der Landeskirchen ist vieles unklar. Der Erlöser Jesus Christus hat den Menschen das ewige Leben, die Auferstehung versprochen. Doch schon bei seiner Person beginnen die Verwirrungen, die altchristliche Lehre sagt; es war Gott, der zur Erde kam, die evangelische Lehre lehnt Wunder ab und spricht nur von Symbolwirkungen. War er „nur" Mensch, oder war er Gott, der zur Erde kam? Wie können drei Personen eine Person sein? Was bedeutet die christliche Dreifaltigkeit energetisch? Kann uns diese Sicht ein neues Gottesbild zeigen? Kann dieses auch Nicht-Christen erreichen?

Gott ist das ganze Universum, deshalb kann der Mensch nie ausserhalb sein. Die Schöpfungskraft ist vergleichbar mit einer Sonne, wie das Bild auf Seite 86 zeigt: Gott sendet als Strahlen den Heiligen Geist aus, auf diesem „reitet" die kleine menschliche „Kugel". An der Peripherie setzt der Strahl den Menschen in der Materie ab und verbleibt in abwartender Haltung. Der Mensch kann, wen er will, während seinem ganzen Erdendasein bewusst mit dem Schöpfungsgeist verbunden bleiben, dann erwirbt er das höhere Bewusstsein, er wächst und wird erleuchtet (gelbe ausgefüllte Kugeln). Kraft seines freien Willens kann der Mensch auch ohne Verbindung leben, dann harrt der Heilige Geist (weisse und gelbe Strahlen) aus und trägt ihn nach seinem Tod nach Hause. Er drängt sich nie auf. Hat der Mensch in seiner Inkarnation Gottesbewusstsein entwickelt, fährt er im nächsten Dasein weiter (als gelbe Kugel) und sein Bewusstsein wächst, wird grösser und lichtvoller. Gott selbst kam als Jesus Christus auf Erden. Jesus hat zweimal einen Toten auferweckt und ihm das stoffliche Leben geschenkt, dies ist dem Menschen nicht möglich. Jesus Christus war Menschensohn und Gott zugleich. Kein anderer Gottesbote sagte von sich, dass er gleich dem Vater sei. Von allen grossen Meistern der Welt wurde niemand so verehrt wie Jesus Christus. Er unterstellte sich keinem irdischen System, seine Botschaft war radikal in seiner Art, er wollte seine Anhänger zur freien und selbstverantwortlichen Gottesbindung führen.

Wie erwähnt, kann sich der Mensch spirituell weiterentwickeln, aber auch wenn er das nicht tut, kann er niemals wirklich von Gott getrennt sein. Um sich geistig zu entfalten, muss er, aufgrund des freien Willens, einen absichtsvollen Entschluss treffen. Das Bewusstsein der Persönlichkeit und die Seele müssen beide wollen, da die geistige Welt die freie Entscheidung des Erdbewohners respektiert. Wie auf Seite 49 gezeigt, gehört der Intellekt zum niederen Mentalplan „Rupa" und somit zur Materie. Die Seele, die sich auf dem oberen Mentalplan „Arupa" befindet, ist an der Schwelle zur Einheit und kann sich mit den hohen nichtmateriellen Plänen verbinden. Adam befand sich noch auf der höheren Mentalebene. Er war sich seines Seelenbewusstseins bewusst und konnte direkt mit Gott reden. Heute lebt der Mensch im physischen, im Astral- und niederen Mentalplan. Die meisten Personen sind nur mit ihrem Intellekt und Unterbewusstsein und nicht mit dem Gottesbewusstsein verbunden. Jesus Christus öffnete durch seine Geburt in der Materie den Weg, indem das Wissen der höheren Pläne wieder im kollektiven Unbewussten verankert wurde, wie es die Grafik auf Seite 49 zeigt. Das Wissen war durch den Abstieg verlorengegangen. Das Wort «Abstieg» hat hier keine Wertung. Ohne diesen Prozess der Individualisierung hätte es in der Evolution keinerlei Fortschritt gegeben. Es war richtig, sinnvoll und gottgewollt, dass sich der Mensch so in der Materie verhaftet hat. Mit dem neuen Zeitalter bricht die Phase der Heimkehr an. Reich befrachtet, als Individuum, bringt der Mensch Erfahrungen nach Hause, wo er geduldig und mit Liebe erwartet wird[38]. Der Intellekt ist, wie erwähnt, Teil des niederen Mentalplanes, der Geist oder die Intelligenz wohnen im höheren Mentalplan. Da ist auch der Sitz des Seelenbewusstseins. Dieses kann sich kraft seines freien Willens, mit dem Bewusstsein der irdischen Persönlichkeit verbinden und dadurch die geistige Weiterentwicklung in dieser Inkarnation annehmen oder ablehnen. Orientiert sich die Seele am göttlichen Schöpfungsgeist[39], respektive dem Heiligen Geist, dann wird der Mensch „erleuchtet", er kann den Auferstehungsleib entwickeln und wird dadurch frei vom Inkarnationszwang.

Vor dem Jahre 0 erreichten die meisten Menschen nach ihrem physischen Tod bloss die Astralwelt, welche sieben Ebenen mit je drei Unterebenen hat. Die höheren Ebenen werden in der Bibel als Paradies dargestellt. Dadurch, dass Jesus der Christus dem Heiligen Geist den Weg öffnete, können alle Menschen, wenn sie wollen, das ewige Leben bei Gott, wie Jesus versprochen hat, erlangen. Deshalb spricht die Bibel nicht von der Reinkarnation, obwohl dieses Wissen bei der israelischen Gesellschaft bekannt war. Jesus hat die verblichenen Seelen aus der Zeit des Alten Testamentes aus dem Paradies der Astralwelt befreit und bei seiner Auffahrt in das göttliche Reich mit nach Hause genommen. Jeder heute inkarnierte Mensch kann Ihm nachfolgen, wenn er will; der Weg ist offen und der Heilige Geist steht als Begleiter für *jeden* Menschen zur Verfügung. Die Erlösung durch Jesus Christus ist nicht an christliche Konfessionen gebunden. Gibt es die Trennung von Gott überhaupt?

Der göttliche Mensch auf Erden

Als kosmisches Wesen ist es dem Mensch unmöglich, ausserhalb von Gott zu sein. Das Bild „Dreifaltigkeit" zeigt „Gott-Vater" als Sonne und durch das zweidimen-

---

38   wie es das Gleichnis vom verlorenen Sohn – Lk 15, 11 – 32 schildert

39   der weisse Strahl beim Bild «Dreifaltigkeit»

sionale Bild entsteht der Eindruck von innen und aussen. Gott-Vater-Mutter ist jedoch das ganze Bild. „Vater", als männliches Attribut, wird verwendet, wenn die Quelle aktiv ist, schöpft und formt, mit dieser „Tätigkeit" wird sie pluspolar. Als Urenergie im unschöpferischen Seinszustand ist sie minuspolar oder weiblich, den Geist empfangend wie die Materie[40]. Ausserhalb dieser Kräfte kann nichts existieren. Die Wissenschaft hat erkannt, dass es auch im Weltall keine Leere, sondern ein Feld, die Matrix, gibt. Die Dunkelheit des Alls ist schwarzes Licht, welches weiss ist, sobald es unser Auge trifft. Neueste Forschungen sprechen davon, dass das Weltall ewig existieren wird. Wenn unser Verstand etwas nicht fassen kann, bedient er sich automatisch gegenständlicher Bilder; diese können verschieden interpretiert werden, woraus Missverständnisse entstehen. Aus wörtlicher, materieller Bibelauslegung entstehen falsche Lehrmeinungen, Dogmen.

„Religionen" sind korrekt ausgedrückt Konfessionen, sie sind menschengemacht. Dadurch sind sie Teilwerk, kein Mensch kann im inkarnierten Dasein das Ganze fassen. Es gibt nur eine Religion, sie ist das ökumenische Wissen, welches zurückführt zur Quelle.

Wie das zweite Geheimnis offenbart hat, kann der Mensch zwar sein Bewusstsein erweitern, den Seelenkörper entwickeln und über die Materie hinauswachsen; will er diese Erfahrungen jedoch mit jemandem teilen, unterliegt er erneut der materiellen Beschränkung. An diesem Hindernis scheitern naturgemäss viele Konfessionen, wenn sie einen Zipfel der ewigen Wahrheit erfasst haben, sind sie unfähig, sie adäquat weiterzugeben. Deshalb ist es unbegreiflich, dass Streit oder Kriege wegen Kirchendogmen geführt werden und missioniert wird. Wahrheit ist immer und in jedem Fall subjektiv, da wir ihren Gehalt nur durch die fünf menschlichen Sinne aufnehmen können und diese sind nicht objektiv. Es gibt nur eine Quelle oder einen Gott, und da heute rund sieben Milliarden Menschen auf der Erde leben, gibt es genauso viele Gottesbilder, wie es Menschen hat. Und jede einzelne dieser Vorstellungen stimmt, wenn sie zum Glauben an die eine Quelle führt. Da der Mensch vom Schöpfer den freien Willen geschenkt bekam, kann er an Gott glauben und Gotteserfahrung

---

[40] das ist die wahre biblische Bedeutung von: „die Frau sei dem Mann untertan"

erlangen, wenn er will, muss es aber nicht. Das bedeutet auch, dass der gläubige Mensch nicht automatisch ein besseres Leben als der Ungläubige hat, sonst würde die Gottesbeziehung nicht dem freien Willen entsprechen. Das Leben mit Gottesgewissheit wird intensiver und reicher, aber nicht zwingend einfacher, obwohl Gott, wie uns Jesus der Christus gelehrt hat, reine Liebe, Harmonie und Strahlenglanz ist. Es kann weder Leid noch Strafe, Bewertung oder Dunkelheit in Ihm sein, denn Licht wirft keinen Schatten.

Der freie Wille wird respektiert

Da, wie beim zweiten Geheimnis erklärt, die Seele den freien Willen besitzt, muss der Mensch sein Einverständnis zum geistigen Wachstum geben. Es braucht das *bewusste* und *unbewusste* Einverständnis des Bewusstseins. Der erste Schritt liegt somit in der Erkenntnis des ersten Geheimnisses; nämlich der Tatsache, dass das menschliche Denken des Intellektes energetisch sehr schwach ist. Und dass die Emotionen des Unterbewusstseins auch zum Bewusstsein gehören, auch wenn der Intellekt nichts davon weiss, und dass diese unbewussten Emotionen energetisch 100 mal stärker als der Kopf sind. Beim intelligenten, gebildeten westlichen Menschen setzt sich das Kopfbewusstsein, die Intelligenz, einfach über das Unterbewusstsein hinweg und verdrängt dadurch auch die Verbindungsmöglichkeit mit der Seele. Reicht es, wenn der Mensch denkt, „jetzt gehe ich neue Wege"? Nein. Religion erklärt den freien Willen mit dem „Bund-Gedanken", wie nachfolgend erklärt wird; die Verbindungsmöglichkeit liegt im Gefühlsbereich des Herzfeldes.

Die Bibel nennt das Seelenbewusstsein auch geistigen oder inneren Menschen, während sie das Bewusstsein der Persönlichkeit als äusseren Menschen bezeichnet. Vereint sind die beiden Instanzen im Gesamtbewusstsein (Ethik, Intelligenz, inneres Selbst), das ist der ganzheitliche Mensch, er muss sich über die inkarnierte Persönlichkeit ausdrücken. Das griechische Wort „personar" bedeutet: durch eine Maske sprechen. Astrologie bezeichnet die Person, das Ego (Aszendent), als „Maske des Selbstes" (Sonne). Die Person wächst und gedeiht gemäss dem Naturgesetz, dem sie untersteht, selbständig. Der innere Mensch, die

Seele, ist wie bereits erklärt, als Same im Herzen angelegt, es ist der unentfaltete Seelenkörper, er trägt alle Informationen des höheren „Ich" oder des Gesamtbewusstseins in sich. Die materielle Persönlichkeit kann, wenn ihr Charakter nicht sorgfältig erzogen wurde, die Entwicklung des Inneren zeitweise oder lebenslang blockieren. Dann nimmt tierische Triebhaftigkeit überhand. Aus gängiger psychologischer Sicht ist der Charakter bei Erwachsenen nicht mehr veränderbar. Wird ein solcher, triebhafter Mensch beobachtet, so erscheint es, aus psychologischer Sicht, als ob die Materie stärker als der Geist sei, dies ist jedoch ein Trugschluss. Psychologie ist ein Fachwissen der Naturwissenschaft, sie negiert die Existenz der Seele. Bei Grenzerfahrungen kann die Seele die Umklammerung des Egos durchbrechen. Nahtoderfahrungen können totale Persönlichkeitsveränderungen bewirken. Geistige Übungen, wie die „Exerzitien im Alltag", können eine ganzheitliche Heilung und Charakterveränderung bewirken. Sie können auf einfache Weise in den Alltag eingebaut werden. Geistige Veränderungen entstehen *nie* automatisch. Im Gegensatz zum äusseren, materiellen Menschen entwickelt sich der innere, geistige Mensch nicht von selbst. Er untersteht dem freien Willen. Dieses höchste menschliche Gut wird heute von modernen Gehirnforschern in Frage gestellt. Sie haben herausgefunden, dass der Mensch von biochemischen Botenstoffen in Wechselwirkung zu seinen Wahrnehmungen über die Sinnesorgane gesteuert wird und praktisch keine freien Willensentscheidungen treffen kann. Dieser Vorgang betrifft jedoch nur den natürlichen, äusseren und nicht den inneren, geistigen Menschen. Zudem zeigt der Zellforscher Broers auf, dass die Wahrnehmungsfilter vom Bewusstsein und der Seele gesteuert sind, was wiederum den freien menschlichen Willen im geistigen Bereich aufzeigt. Das höchste von Gott eingesetzte geistige Gesetz ist die menschliche Willensfreiheit. Deshalb spricht die Bibel vom Bund.

Exodus 19,5: *Gott schloss mit dem Volk Israel einen Bund. Im Neuen Testament der Bibel wurde nach christlichem Verständnis der Bund erneuert, den Gott mit den Menschen im Alten Testament geschlossen hatte.*

Ein Bund wird erst geschlossen, wenn beide Partner freiwillig „Ja" dazu gesagt haben. Wenn die Bibel vom „Volk Israel" spricht, so ist dies ein Synonym für „das Herz" eines jeden Menschen.

Dem Menschen steht somit frei, ob er in den Bund mit Gott eintreten will oder nicht. Und: Er wird *nicht* bestraft, wenn er sich dagegen entscheidet. Der strafende, rächende Gott des Alten Testamentes war ein Konstrukt der erzieherischen Konfession, die dem Entwicklungsstand des Bewusstseins der damaligen Menschheit entsprach. Der neue Bund, welcher Jesus schloss, hat gelehrt, dass Gott nur pure „väterliche" (und mütterliche) Liebe ist und niemals straft. Erlebt der Mensch „Strafsituationen", hat er sie selber erschaffen. Dieser freie Wille hat Konsequenzen. Die geistige Welt, welche sich an das göttliche Gesetz hält, hilft nicht *automatisch* dem Menschen, wenn er Hilfe benötigt. Nur wenn der Mensch um Hilfe fragt oder bewusst und willentlich in den Bund Gottes einwilligt, wird ihm geholfen. Diese Konsequenz erklärt, warum Gott Naturkatastrophen und Massenunglücksfälle zulässt. Gott teilt die Welt nicht in zwei Hälften, auch die Dunkelheit ist göttlich, denn sie erlaubt dem Menschen, in der Materie Erfahrungen zu machen, die seine Persönlichkeit in nähere Verbindung mit dem Geist bringt. Der Mensch erntet, was er sät. Und: Licht wirft keinen Schatten! Dunkelheit entsteht durch die Abwesenheit von Licht.

Leyra ist zu jung

Eltern sind nicht nur für das körperliche Wohl ihrer Kinder verantwortlich, sondern auch für deren Seelenentwicklung. Erziehen sie deren Ego nicht, hat es die Seele schwer.

Der freie Wille wird respektiert

Wie das folgende Beispiel zeigt: Das Mädchen Leyra scheint in ihrer Entwicklung viel weiter zu sein als Gleichaltrige. Manchmal leidet sie jedoch unter unkontrollierbaren Aggressionsausbrüchen. Diese belasten das soziale Umfeld des Kindes zunehmend. Ihre Mutter hat sich deshalb zu einer Therapie entschlossen, mit welcher Leyra auch einverstanden war. Vor der Tür der Therapiepraxis hat Leyra plötzlich das Gefühl, sie brauche die Behandlung nicht, sie könne das Problem allein lösen. In Realität ist ihr jedoch bloss im Moment etwas Anderes wichtiger. Die Mutter geht auf ihre Laune ein, entschuldigt sich bei den Therapeuten und fährt mit Leyra ohne Behandlung nach Hause.

Sie kennt die Seelengrösse ihres Kindes, weiss, dass es weiter entwickelt ist als sie selbst und wagt ihm deshalb keine Grenzen zu setzen. Sie weiss nicht, das die Seele der Vernunft untergeordnet ist und sie verwechselt die Seelenentwicklung mit der Persönlichkeitsentwicklung.

Mit zehn Jahren ist das Mädchen noch nicht fähig zu entscheiden, ob eine Behandlung notwendig ist oder nicht. Das Ego muss erzogen werden. Wenn Eltern ihr Kind in diesem Alter nicht disziplinieren, verwildert die Persönlichkeit zum Egoisten. Später, als Erwachsener, wenn das weit entwickelte Seelenbewusstsein seine Ethik leben möchte, scheitert es sonst am zügellosen Charakter des natürlichen Bewusstseins.

Ob dies mit ein Grund ist, dass viele sensible Jugendliche im jungen Erwachsenenalter Selbstmord begehen? Die betreffenden Selbstmordraten sind in den Hochindustriestaaten auffällig hoch. Handelt es sich hier um weit entwickelte feingliedrige Seelenwesen, die ihren Lebensplan wegen ihrem Charakter, der nicht erzogenen, triebhaften jungen Persönlichkeit, nicht verwirklichen konnten? Vielleicht werden sie es unter besseren Voraussetzungen nochmals versuchen. Gibt es energetische Hilfe für sie, welche sie in Anspruch nehmen können, Selbsthilfe? Wie kann man seine Seele erreichen? Was meint das dritte Geheimnis dazu?

Wie man sein Unterbewusstsein erreicht

Kinder machen es uns vor; Kleinkinder haben gegenüber Erwachsenen eine verlangsamte Hirnfrequenz, sie befinden sich in einem „meditativen" Zustand und sind mit ihrem Unterbewusstsein verbunden. Erst ungefähr ab dem siebten Lebensjahr ändert sich das, die Hirnfrequenzen gleichen sich Erwachsenen an. Man könnte - vereinfacht gesehen - sagen, dass bei den meisten Menschen die linke Hirnhälfte für das logische, rationale Denken zuständig ist, also für Analytik, Sprache und mathematische Prozesse. Die rechte Hirnhälfte spricht mehr auf Symbole, Bilder, Gerüche und Töne an, sie steuert somit Kreativität, Intuition, Traumerleben, Gefühle. Sie wird durch die Verbindung mit dem Herzfeld aktiv.

Diese Unterteilung der Hemisphären ist jedoch weder absolut, noch zwingend bei allen Menschen gleich. Die folgenden Erklärungen sind vereinfacht dargestellt: Da unsere Gesellschaft auf dem Prinzip des logischen Denkens funktioniert, wird bei vielen Menschen die linke Hirnhälfte dominant. Dadurch kann es geschehen, dass sie ihre eigenen Gefühle nicht mehr wirklich wahrnehmen, sondern sich diese im Kopf vorstellen und nicht merken, dass sie sie nicht wirklich *spüren*. Die Sphäre der linken Hirnhälfte verliert im Tagesbewusstsein den Kontakt mit der Intuition, dem Unterbewusstsein und den Gefühlen. Sie versetzt den Menschen in dauernde Anspannung, in Stress. Das menschliche System steht unter ständigem Adrenalinschub und erzeugt mit der Zeit Stresserkrankungen. Der vegetative Hauptnerv Sympathikus und die linke Hirnhälfte arbeiten zusammen; im Sympathikuszustand steht das menschliche System unter ständigem Druck zur Höchstleistung, wogegen es sich unter Einfluss der vegetativen Steuerung des Parasympathikus erholt. Im meditativen Zustand verliert die linke Hirnhälfte ihre Dominanz und beide Hirnhälften werden gleichgestellt. Der Mensch erholt sich und hat Zugang zu seinen wahren Gefühlen und zur Intuition. Die Hirnschwingung verlangsamt sich. Das Tor zum Unterbewusstsein öffnet sich. Dahinter verbirgt sich ein Mysterium, denn der Kopf hat vieles vergessen oder gar nicht alles mitbekommen, was hier gespeichert ist. Dies zeigte die Geschichte von Agnes auf Seite 45. Lebt der Mensch nur im Bewusstsein der irdischen Persönlichkeit, leidet er über kurz oder lang an Energiemangel.

Er vertrocknet innerlich, weil ihm das Wasser des Lebens fehlt, wie es Jesus Christus offerierte:

> *„Wer von dem Wasser des Lebens trinkt, das ich ihm gebe, der wird nie wieder Durst bekommen."*   Joh 4, 14

Wasser steht hier als Symbol für Gefühle. Jesus Christus sprach von einem energetischen Geschehen. Er half den Menschen, sich mit der Kohärenz des Herzfeldes zu verbinden, indem er ihnen das Gefühl der Liebe Gottes wachrief, damit sie sich mit ihm und später mit dem Heiligen Geist verbinden konnten, um die Gnade des göttlichen Vaters empfangen zu können. Die Forschungen von HeartMath zeigen, dass die energetische Auswirkung einer Herzfeldverbindung über sechs Stunden lang messbar ist. Die Verbindung mit Jesus Christus oder dem Heiligen Geist ist, wie man sich leicht vorstellen kann, jenseits von jeglichen Beschreibungen. Worte werden zu dürren Gebilden, wenn sie die göttliche Liebe, das Wasser des Lebens, beschreiben wollen.

Da moderne Menschen fast nur im Intellekt, in der Materie verhaftet sind, können sie die geistige Welt oft nicht wahrnehmen, nicht sehen.

Halbblind oder halbsehend

Anita erzählt: „Kürzlich träumte ich, wie ich plötzlich an einem Auge erblindete. Ich war zu Fuss unterwegs und plötzlich traf es mich wie mit einem Faustschlag, beide Augen waren geöffnet, aber nur noch eines war sehend. Eine Pupille war wie eingefroren und bewegte sich nicht mehr und ich hatte nur noch das 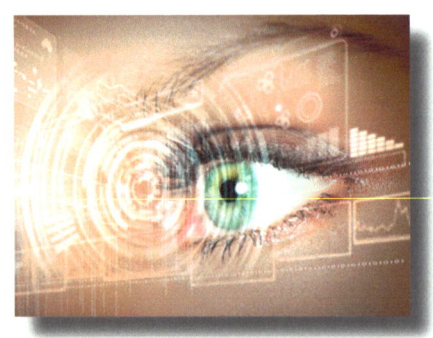 halbe Gesichtsfeld. Ich war halbblind. Das Auge war nicht zu retten, aber ich gewöhnte mich daran und wurde mit der Zeit halbsehend. Ich nahm wieder am normalen Leben teil und bemerkte meine Halbblindheit bald nicht mehr". Das menschliche System ist sehr anpassungsfähig und kann eine Behinderung überspielen, so dass alles wieder fast normal erscheint. Obwohl eine solche Sehbehinderung es mit sich bringt, dass nur das halbe Gesichtsfeld zur Verfügung steht und somit ein grosser Teil der Wirklichkeit ausgeblendet ist. Durch Training kann der Betroffene mit wenigen Ausnahmen wieder am normalen Leben teilhaben. Er wird wieder sehend und vergisst mit der Zeit, dass er halbblind ist. Ist es mit der Sicht der alltäglichen Wirklichkeit nicht genauso? Wie viele Menschen nehmen ihr Unterbewusstsein nicht wahr, bemerken weder den täglichen Stress, noch ihre fehlende Gottesbindung. Sind nicht viele Menschen halbblind, indem sie die geistige Welt ausblenden, weil ihre Augen, in der Regel, blind sind dafür. Seit Generationen haben sie sich an ihre Einschränkung gewöhnt und bemerken sie nicht mehr. Das war nicht immer so.

Im Alten Testament wird beschrieben, wie Moses im Offenbarungszelt mit dem Herrn sprach und wie sich eine sichtbare Wolkensäule auf das Zelt senkte, sobald der Herr mit Moses sprach. Zu dieser Zeit waren die Menschen entweder noch sehend oder sie wussten es wenigstens, wenn sie es nicht waren. Heute sind nur wenige Menschen wirklich sehend und der grosse Rest merkt nicht, dass er halbblind ist. Obwohl heute bald fast alle Menschen moderne Sehhilfen tragen, bleiben sie trotzdem nur halbsehend respektive halbblind. Sie betrachten die materielle Wirklichkeit als ganze Wirklichkeit und erkennen nicht, dass dies nur ein kleiner Teil des Seins ist. Im heutigen Entwicklungsstadium haben Menschen das Persönlichkeitsbewusstsein weit entwickelt, obwohl es nicht vorwiegend vom bewussten Denken kontrolliert wird. Da im kollektiven Unterbewusstsein das Wettbewerbs-Paradigma vom Recht des Stärkeren gespeichert ist, fällt es einzelnen Individuen schwer, diesen Weg zu verlassen. Allein schaffen sie es kaum, sie brauchen innere, geistige Hilfe dafür. Die intellektuelle Denkkraft ist energetisch sehr schwach und sie kann sich nur mit der materiellen Persönlichkeit und nicht mit der Seele und der geistigen Welt verbinden. Menschen, die nur im Kopf leben oder sich durch Gedanken mit dem Herz verbinden wollen, berauben sich selbst aller Wohltaten des eigenen, höheren Selbst und der geistigen Welt. Auch die irdisch gebundene Denkkraft besitzt Schöpfungskraft, aber sie erschafft nur unvollkommene, angstbehaftete Werke, welche ursprünglich energetisch nicht stark sind, sich aber jederzeit mit den starken Energieformen der Astralwelt verbinden können. Aus diesem Grunde ist für heutige Menschen die Gottesbindung unerlässlich. Diese Bindung macht das Leben nicht unbedingt leichter, denn es geht nun darum, das richtige Mittelmass zwischen Selbstbestimmung und Hingabe zu finden. Nur über das Herzfeld, mit Hilfe der Seele, ist wirkliche Gottesbindung möglich. Spirituelle Verbundenheit bedeutet, sein Licht-Feuer zu leben, Seelenfrieden, Glück zu finden, geistige Heilung zu erfahren. Eine spirituelle Einweihung ist eine Möglichkeit zur Kontaktaufnahme, sie kann die Erfahrung einer spirituellen Realität begünstigen. Am Anfang des Weges mag diese spirituelle Erfahrung unterschiedlich deutlich und nicht unbedingt intensiv sein. Diese Erfahrung kann beispielsweise in Form einer tiefen Erinnerung und Sehnsucht nach Gott oder als ekstatisches Glücksgefühl zu spüren sein oder nur als inneres Ahnen wahrgenommen werden. So oder so ist eine Einweihung ein Erlebnis, das sich wie ein Same im Bewusstsein verankert, der von nun an wachsen kann. Ob dieser Same aber wächst, hängt davon ab, ob man ihn entsprechend begiesst und nährt. Eine spirituelle Einweihung muss nicht zwingend mit einem Ritual verbunden sein. Auch Meditation, das Hören von Musik, bestimmte Düfte, Kontakt mit einem spirituellen Menschen können eine Einweihung sein; sie bewirken eine Energieerhöhung und helfen dem Menschen vom Denken in das Fühlen zu kommen; sie sind Tore, die sich öffnen, Fragen, die Antworten finden, es ist ein Wunsch nach Gotteserfahrung, der dem Herzen entspringt, welcher erfüllt wird, durch die göttliche Gnade.

Energiehygiene, sich selber lieben

Gotteserfahrung, wirklicher Glaube, wird dem Menschen durch die göttliche Gnade geschenkt. Heisst das nun, dass er selber gar nichts tun kann oder soll? Doch! In das Haus Gottes muss er aus eigener Anstrengung eintreten und dies geschieht nicht einfach dadurch, dass er sich eines schönen Tages auf rationaler Ebene entschliesst, an Gott zu glauben und ein Gebet zu lesen.

Teresa von Avila schildert in ihrem Buch des Lebens[41], wie sie durch eine lange dauernde innere Trockenheit schritt, als sie frisch ins Kloster eingetreten war. Sie machte ihre Gebetsübungen wie alle anderen Ordensschwestern, blickte aber immer wieder neidisch auf eine Mitschwester, wenn sie bemerkte, dass diese während dem Gebet weinte. Teresa las und sprach die Gebete und ihr Herz wurde anfangs nicht davon berührt. Sie nannte diesen Zustand „Trockenheit". Erst nach relativ langer Zeit wurde sie beim Beten von innerer Ergriffenheit erfasst. Dies ist wohl eine der Hauptschwierigkeiten des Anfängers. Er/sie betet täglich, während Wochen, Monaten, und nichts passiert.

Die Verwandlung oder Entfernung der inneren Widerstände im Unbewussten geschieht nicht im Handumdrehen. Deshalb ist es immer hilfreich, eine geistliche Begleitung auf seinem Weg zur inneren Mitte zu haben. Die innere Mitte findet der Mensch, indem er sich selber liebt und akzeptiert. Und dann dadurch, dass er Gott liebt und zwar nicht nur als Lippenbekenntnis, sondern mit dem Herzen; durch tägliche Schwingungserhöhung mit Hilfe von Herzensgebeten, durch das Fühlen, Suchen, Akzeptieren der Sehnsucht nach Gott. Ausserdem kann er jederzeit die göttlichen Geschöpfe, die Engel oder Heiligen, um Hilfe oder um Schutz vor den negativen Auswirkungen der magischen herunterziehenden Schwingungen bitten. So wie es heute selbstverständlich ist, auf die körperliche Hygiene zu achten, sollte auch die persönliche Energiehygiene beachtet werden. Energetische, schwingungserhöhende magische Prozesse sind für das Seelenwohl und somit auch für die Gesundheit unerlässlich. Sie können durch Verinnerlichung, durch Meditationen und Kontemplationen, durch Exerzitien[42] und durch bewusste Information erschlossen werden. Der Weg dazu erscheint oft etwas lang und mühsam, aber er ist absolut lohnenswert. Zum Angewöhnen kann zuerst das „Alphabet" erlernt werden. Das heisst, sich zuerst einmal mit der Existenz von hochschwingenden Energien und Frequenzen, welche der biologische, körperliche Verstand nicht erklären kann, vertraut zu machen. Eine der einfachsten, am leichtesten und schnellsten erlernbare Technik ist das altbekannte Hand-

---

41 Teresa von Avila, Das Buch meines Lebens

42 geistige Übungen

auflegen, wie beispielsweise „Reiki" (rei= universell, ki= Leben). Schon Felsenzeichnungen aus der Urzeit zeigen Szenen, wie Menschen einander die Hände auflegten. Diese Form der Berührung ist bekannt, seit es Menschen gibt. Verspüren wir irgendwo Schmerzen, legen wir instinktiv eine Hand auf die schmerzende Stelle. Mütter legen ihre Hände auf grosse und kleine Wunden ihrer Kinder und die dadurch erzielte Beruhigung ist nicht nur Einbildung. Mit modernen Geräten kann heute die Energie, die Händen entströmt, sichtbar gemacht werden. Reiki benutzt diese uralte Technik. Der Name ist japanisch, weil anfangs des 19. Jahrhunderts der japanische Theologe, Dr. Mikao Usui, diese Methode der Heilkraftübertragung wieder einführte. In zweitägigen Kursen kann sich jedermann wieder in die Anwendung dieser Kraft einweihen lassen respektive sich wieder an diese Kraft erinnern. Diese Form der Berührung, welche ungeschlechtliche menschliche Liebe ausdrückt, tut immer gut. Ist ein Mensch einigermassen bewusst, strömt aus seinen Händen eine wahrnehmbare, messbare Energie, die wahre Herzenskraft, die magnetische Energie, die universelle Lebenskraft. Reiki hilft dem Menschen vom Denken in das Fühlen zu kommen. Die Reiki-Energie kann jeder Mensch sich selbst übertragen, sich selbst damit behandeln und dadurch wachsen, indem er lernt, sich selbst und damit auch Gott zu lieben. Die Bibel lehrt die Nächstenliebe, dabei wird oft der wichtige Nachsatz: „Liebe den Nächsten, wie dich selbst" übersehen. Genau hier hapert es meistens. Moderne Verbrecherstatistiken legen mit Selbstmord, Gewalt und Mord dafür beredtes Zeugnis ab. Ein Mensch, der sich selber liebt und sich somit seines göttlichen Ursprungs bewusst ist, kennt keine Gewaltbereitschaft. Aus falsch verstandener Demut oder aus Angst, egoistisch zu erscheinen, wird heute jungen Menschen oft gerade die wichtige Selbstliebe nicht gelehrt. Zucht und Ordnung, Strafe und Strenge, oder das absolute Gegenteil davon, scheinen in vielen Familien immer noch als geeigneteres Erziehungsmittel angesehen zu werden. Oft wachsen Kinder ohne Struktur und ohne jegliche Erziehung auf. Wissen die jungen Menschen noch, dass sie göttlich sind, dass sie alle in ihrem Inneren eine sprudelnde Quelle der Liebe haben? Haben sie gelernt, mit ihrem Schöpfer zu kommunizieren? Sind sie sich bewusst, dass sie ungeschliffene Diamanten sind, voll Liebe, voll Schöpfungskraft, vollkommen im Ursprung? Lehrt sie die Gesellschaft nicht gerade das Gegenteil, indem sie sie ständig bewertet, kritisiert und zurechtstutzt?

Bewertung mag zum Teil notwendig sein, ein junger Mensch braucht Grenzen, um sich selbst erfahren zu können, aber erst nachdem er das erste, wichtigste und stärkste kosmische Gefühl, die Liebe, verinnerlicht hat. Doch wie können Eltern dieses Gefühl ihren Kindern weitergeben, wenn sie es selbst nie erfahren haben? Obwohl vor zweitausend Jahren ein Mensch lebte, mit der Mission, die Menschen Liebe zu lehren. Er hiess Jesus Christus, seine Botschaft wurde bis heute von viele Menschen weder wirklich verstanden, noch angewandt. Statt dass Menschen lieben, leben sie im Konkurrenzkampf, werten und urteilen und beschränken sich dadurch auf einen Zehntel von ihrem wirklichen Sein. Gott akzeptiert die ganze Wirklichkeit, er schenkte dem Menschen den freien Willen und lässt ihm die Erfahrung des Schattenreiches. Das göttliche Licht wirft keinen Schatten.

Reikimeister auf dem Weg

Zwei spirituell fortgeschrittene Frauen, Reikimeisterinnen, baten eines Tages um Hilfe. Reiki stellt die Verbindung mit der Lebenskraft durch Handauflegen her. Im spirituellen Fortschritt kann das menschliche Bewusstsein mit Hilfe dieser Technik unter anderem zum Seelenbewusstsein finden. „Reikimeister" bedeutet Reikilehrer zu sein, sie sind befähigt, andere in die Reikikraft einzuweihen. Die beiden Frauen hatten zusammen ein Geschäft gegründet, in dem sie geistige Kurse, Workshops und Vorträge anboten. Ein gut vorbereitetes, gut durchdachtes spirituelles Angebot, welches eine wirkliche Hilfe für Menschen anbot. Nach vielversprechendem Start mit erwähnenswertem Medienauftritt sollten nun nach sechs Monaten die ersten Seminare starten. Die beiden hatten sich von einem Marketingfachmann professionell beraten lassen und hatten auch viel positive Gedankenkraft in das Projekt gesteckt und zudem täglich um spirituelle Hilfe gebeten. Der Anmeldeschluss für die Startseminare stand vor der Türe, aber angemeldet hatte sich bisher niemand. Sie waren ziemlich verzweifelt, ihr Glaube in die göttliche Reikikraft und ihre ganze spirituelle Praxis war ziemlich erschüttert. Sie stellten ihre ganze spirituelle Entwicklung in Frage und konnten nicht verstehen, weshalb es mit ihrem Geschäft nicht funktionierte. Bisher hatte doch die Taktik stets funktioniert, sie hatten dank Reiki und positiver Gedankenkraft bisher beispielsweise jede gewünschte Arbeitsstelle erhalten. Weshalb half die spirituelle Seite diesmal nicht? Im veralteten Weltbild verhaftet, würde hier nun gedeutet werden: dass die göttliche Gnade nicht für materielle Zwecke missbraucht werden könne. Somit würde die Trennung von Materie und Geist wieder zementiert. Und genau dies mag der Grund des Scheiterns der beiden Frauen gewesen sein. In ihrer beider Unterbewusstsein war diese archetypische Überzeugung nicht gelöscht und somit noch wirksam. Es ist nicht Gott, der bei materiellen Vorhaben nicht hilft, sondern es sind menschliche, wenn auch unbewusste, falsche Glaubenssätze oder Zweifel, die die göttliche Hilfe verhindern!

Mit der Aktivierung seines Herzfeldes kann der Mensch sich mit seiner Seele und Gott verbinden. Lebt er die Gefühle von Liebe, Dankbarkeit und Fürsorge erhält er die göttliche Gnade. Diese Gnade wird bedingungslos - ohne Sühne - verschenkt, wenn das ganze Sehnen und Leben auf Gott ausgerichtet ist. Jeder ist berufen. Gott schenkt sich jedem Menschen aus Liebe. Alle dürfen jederzeit in sein „Haus" eintreten, wenn sie bereit sind, nach dem geistigen Gesetz der Liebe zu leben. Dann wird Gotteserfahrung möglich und Energie wird freigesetzt. Der Mensch wird zum Sohn, zur Tochter Gottes, er wird zum Mitschöpfer. Er ist sich seiner Beziehung zum Mitmenschen, zur Umwelt, zur Schöpfung bewusst, er wird zum kreativen Mitschöpfer. Er ist sich seiner Freiheit und seiner Selbstverantwortung bewusst, lässt sich weder manipulieren, noch beeinflusst er andere Menschen. Er lebt in der Fülle des Seins, als Adam, welcher weder Angst noch Mangel kennt. Die Schöpfung ist dann erfüllt, wenn die geistige und materielle Welt wieder vereint sind, denn sie sind beide göttlich.

Delphin © Michael Rosskothen - Fotolia

Religiöse Hilfe für die Gottesbeziehung

Die erwähnten Lebensbeispiele illustrieren deutlich, welcher Spagat heute für viele Menschen notwendig ist, um eventuell zu einer Gotteserfahrung zu kommen. Mit dem einen Bein stehen sie in parapsychologischen Ebenen, bemühen sich um geistige Kräfte wie beispielsweise "Hans" mit seinen Opfern, wie auf Seite 29 beschrieben. Mit dem anderen Bein stehen sie in den höchsten Bereichen der Mystik und erfahren, dass Gotteserfahrung nur durch Gnade geschenkt, somit für menschliche Bemühungen eigentlich unerreichbar ist. Dieser Spagat dehnt sich somit über die ganze Dimension des Seins aus und droht die Menschen auseinander zu reissen. So, dass sie schlussendlich gar nicht mehr wissen, was sie denn nun eigentlich machen sollen. Sind sie weiter fortgeschritten auf dem Seelenweg, bemühen sie sich, Gott mit Meditationen, Gedankenkraft, Gebeten und spirituellen Praktiken zu erreichen. Oft ergeht es ihnen vielleicht wie den beiden Reikimeisterinnen, die an ihrem spirituellen Weg, den sie gewissenhaft befolgt hatten, zu verzweifeln drohten. Auf der einen Seite verspricht ein Teil der Heiligen Schriften die Fülle des Seins, welche dem Menschen einfach zufällt oder zusteht. Andere Heilige Schriften dagegen fordern zur aktiven Gottessuche auf, die Fülle des Seins fällt also nicht zu, sondern die Menschen müssen sie sich verdienen? Was ist denn nun richtig?

Hilfe von Jesus dem Christus

Wie schon ausgeführt, gibt es viele Modelle, welche seelische Vorgänge zu erklären versuchen und Gott näher bringen wollen. Die Autorin ist davon überzeugt, dass der Schlüssel darin liegt zu verstehen, dass der Mensch sich nicht zu Gott hinaufbemühen muss, sondern, dass Gott beim Menschen, in ihm, in allem ist. Er muss nicht gesucht werden, da Er bereits da ist und wartet. In Jesus Christus ist er selbst in die Materie gekommen und hat allen den Weg gezeigt. Neben dem geistigen Geschehen, welches Jesus der Christus bewirkt hat und in der Erlösungsgeschichte geschildert wird, hat Jesus von Nazareth vor allem ein menschliches Leben vorgelebt und gezeigt, wo und wie Gott gefunden werden kann. Nämlich in der Liebe des Herzens. Moderne Forschungen helfen heute und zeigen uns, wie wir dahin gelangen können.

Gott ist in jedem Menschen und begegnet uns somit tagtäglich als Mitmensch. Nicht nur gesprochene Gebete und intellektuelle Leistungen verbinden mit Gott, nicht das Kopfdenken, sondern das Herzfühlen. Sind unsere Taten im täglichen Leben nicht von Wettkampf, sondern von Zusammenarbeit, Dankbarkeit, Mitgefühl und Liebe geprägt, sind wir in der Kohärenz des Herzfeldes und somit in unserer Seelenverbindung. Statt den anstrengenden intellektuellen Spagat zu versuchen, könnte man sich auch einfach an die Lehren halten, welche uns unser aller Bruder, Jesus Christus, vermittelt hat. Er hat das Bild eines wahren Menschen gezeigt und vorgelebt. Doch um ihn zu verstehen, sollte man ihn besser kennen lernen. Unverstandenes dogmatisches Kirchenwissen beeinflusst uns unbewusst und verhindert die Herzensbindung.

Jesus Christus hat den Menschen zu einem so unsagbar hohen Preis die Erlösung gebracht; trotzdem hat die Menschheit seine Botschaft bis heute nicht wirklich verstanden. Die christlichen Konfessionen machen dieses Verständnis allerdings auch nicht unbedingt einfach. Die Autorin erinnert sich, wie lange sie selber mit diesem Jesus nichts anfangen konnte. In seiner übermittelten Lehre war vieles unverständlich oder wurde unvollständig erklärt: Einerseits war Jesus Gottes Sohn, andererseits wollte er nicht angebetet werden, wieso also diese Zwischenschaltung?

Zwar lehrte der Religionsunterricht ansatzweise vom Sündenfall, war aber weit davon entfernt, die wirkliche Bedeutung der Erlösung zu vermitteln. Es wurde ja immer nur von der Erbsünde gesprochen und vom sündigen Menschen. Sein Leiden berührt jeden Menschen zutiefst, es ist unmenschlich, unfassbar und entfernte gerade dadurch noch mehr von Gott. Denn es fehlte das Verständnis, wieso der Schöpfer solches Leiden zulassen konnte. Warum liess er überhaupt das Leiden in der Welt zu? Nach der Kindheitsansicht der Autorin gab es keine göttliche Gerechtigkeit und als Frau ärgerte sie dieser männliche Gott sowieso, der sich dem weiblichen Geschlecht gegenüber so unfair zeigt. Unendlich viel Unverstandenes, Ungeordnetes, Chaotisches, Leidvolles musste auch bei der Autorin aufgelöst werden, bevor sie sich zur christlichen Kirche, zur orthodoxen Priesterin, bekennen konnte. Gerade den heutigen aufgeklärten Christen ist dieser Jesus oft fremd. Er kann nicht mehr richtig eingeordnet werden. Wieso kann man nicht direkt zum Vater beten? Und was soll dieser, sein Auftrag, zur so unmodernen, falschverstandenen Demütigkeit?! Daraus entstanden diese zarten, kraftlosen, „grün angehauchten" Jesusanhänger, liebenswerte Menschen mit sanfter, leiser Stimme, Heilandsandalen an den Füssen und langen, lockigen Haaren, neben der Welt lebend. Sie passen so schlecht in die heutige Welt, scheinen am Leben und der Wirklichkeit vorbei zu leben. Kein lautes Wort kommt über ihre Lippen, Widerständen gehen sie beharrlich aus dem Weg, ernst, tugendhaft und leidend ertragen sie ihr Leben, im Hintergrund und in absoluter Demütigkeit. War Jesus von Nazareth wirklich so? Er hat keine Biographie hinterlassen, keine einzige Schriftzeile stammt aus seiner Hand. Erahnt werden kann er nur anhand von Zeugnissen von Menschen, die annähernd in seiner Zeitepoche lebten. Allzu oft liegt darin auch eine Irreführung und die Geschichte seiner Mission wird vergessen.

Erlösung hat er allen Menschen geschenkt, denn die ganze Menschheit wurde von dem einen Schöpfer, dessen Sohn er ist, erschaffen. Diese Erlösung ist von keiner Religionszugehörigkeit, sondern nur vom Glauben an ihn, respektive an die Heilige Trinität, abhängig. Er hat versprochen, dass er nach seinem Weggang jemanden sende werde, der noch stärker sei als er. Viele Gemeinschaften erwarten deshalb noch heute einen neuen Messias. Derjenige, den er gemeint hat, ist jedoch schon an Pfingsten erschienen, es war der Heilige Geist, die Christuskraft. Sie ist ein Geschenk an alle Menschen. Mit der Christuskraft verbunden zu sein heisst, mit dem göttlichen Licht verbunden sein, sich seiner eigenen Sohn- und Tochterschaft in der Göttlichkeit bewusst werden. Sein Bewusstsein, das Denken und das Unterbewusstsein von allen niederen, egoistischen Trieben, Schuldgefühlen, Ängsten, mit Hilfe des Heiligen Geistes zu läutern. Wie gesagt, Jesus Christus hat das Gebot der Liebe gebracht und uns zur Selbstliebe aufgefordert. Sich selbst lieben heisst, zuerst einmal akzeptieren, Sohn oder Tochter des Schöpfers und somit Träger eines inneren, wenn auch noch ungeschliffenen Diamanten zu sein. Gott ist in jedem Menschen und Er ist voller Gnade. Er wartet, wie es das Gleichnis vom verlorenen Sohn lehrt:

Zitiert aus der Alten Lutherbibel Allgemeine, wohlfeile Volk-Bilderbibel, Baumgärtners Buchhandlung, Leipzig 1844 in Originalsprache:

Lucas Cap. 15,

11: Und er sprach: Ein Mensch hatte zwei Söhne;

12. Und der jüngste unter ihnen sprach zum Vater: Gieb mir, Vater, das Theil der Güter, das mir gehört. Und er theilte ihnen das Gut.

13. Und nicht lange darnach sammelte der jüngste Sohn alles zusammen, und zog ferne über Land; und daselbst brachte er sein Gut durch mit Prassen.

14. Da er nun alles das Seine verzehrt hatte, ward eine grosse Theurung durch dasselbige ganze Land, und er fing an zu darben;

15. Und ging hin, und hängte sich an einen Bürger desselbigen Landes, der schickte ihn auf seinen Acker, der Säue zu hüten.

16. Und er begehrte seinen Bauch zu füllen mit Trebern, die die Säue assen; und niemand gab sie ihm.

17. Da schlug er in sich und sprach: Wie viele Tagelöhner hat mein Vater, die Brod die Fülle haben, und ich verderbe im Hunger!

18. Ich will mich aufmachen, und zu meinem Vater gehen, und zu ihm sagen: Vater, ich habe gesündiget im Himmel und vor dir,

19. Und bin hinfort nicht mehr werth, dass ich dein Sohn heisse; mache mich als einen deiner Tagelöhner.

20. Und er machte sich auf, und kam zu seinem Vater. Da er aber noch ferne von dannen war, sah ihn sein Vater, und jammerte ihn, lief und fiel ihm um seinen Hals und küsste ihn.

21. Der Sohn aber sprach zu ihm: Vater, ich habe gesündiget im Himmel und vor dir; ich bin hinfort nicht mehr werth, dass ich dein Sohn heisse.

22. Aber der Vater sprach zu seinen Knechten: Bringet das beste Kleid hervor, und thut ihn an, und gebet ihm einen Fingerreif an seine Hand, und Schuhe an seine Füsse;

23. Und bringet ein gemästetes Kalb her, und schlachtet es. Lasst uns essen und fröhlich sein!

24. Denn dieser mein Sohn war todt, und ist wieder lebendig geworden; er war verloren, und ist gefunden worden. Und sie fingen an fröhlich zu sein.

25. Aber der älteste Sohn war auf dem Felde, und als er nahe zum Hause kam, hörte er das Gesänge und den Reigen;

26. Und rief zu sich der Knechte einen, und fragte, was das wäre?

27. Der aber sagte ihm: Dein Bruder ist gekommen, und dein Vater hat ein gemästetes Kalb geschlachtet, dass er ihn gesund wieder hat.

28. Da ward er zornig, und wollte nicht hinein gehen. Da ging sein Vater heraus, und bat ihn.

29. Er antwortete aber, und sprach zum Vater: Siehe, so viele Jahre diene ich dir, und habe dein Gebot noch nie übertreten; und du hast mir nie einen Bock gegeben, dass ich mit meinen Freunden fröhlich wäre!

30. Nun aber dieser dein Sohn gekommen ist, der sein Gut mit Huren verschlungen hat, hast du ihm ein gemästetes Kalb geschlachtet!

31. Er aber sprach zu ihm: Mein Sohn, du bist allezeit bei mir, und alles, was mein ist, das ist dein.

32. Du sollest aber fröhlich und gutes Muths sein; denn dieser dein Bruder war todt, und ist wieder lebendig geworden, er war verloren, und ist wieder gefunden.

Im ersten Moment mutet diese Geschichte etwas seltsam an: Ist das gerecht, wenn sich der eine abmüht und nicht belohnt wird, während der andere für seine Liederlichkeit belohnt wird? Jesus spricht hier von seinem und unser aller Vater. Und er zeigte damit die unendliche, bedingungslose Liebe, die göttliche Gnade, des Vaters auf. Er freut sich an jedem Menschen, der zu ihm zurückkehrt. Er bestraft ihn nicht, egal, was er getan hat. Der ältere Sohn könnte im Gleichnis einen Engel, der dem Vater stets treu ergeben war, aber nicht die Erfahrung und das Risiko der Inkarnation, der Geburt in der Materie, auf sich genommen hat, symbolisieren. Er könnte aber auch den selbstgerechten Menschen symbolisieren, der glaubt, er sei mit Gott verbunden und habe alles im Leben richtig gemacht (diese Selbstgerechten, die mit ihrer unnachgiebigen Härte immer wieder viel Leid in der Welt

Foto: © MTR: Ikone gemalt von Marie Thérèse Rubin

verursacht haben, weil sie keine Lebensfreude akzeptieren). Der junge Sohn, der im Gleichnis sein Erbe mit Huren verprasst und liederlich gelebt hat, wird mit offenen Armen empfangen. Er symbolisiert den Menschen mit all seinen Fehlern, seiner Lebenslust und Lebensfreude.

Den strafenden, zürnenden Gott vom alten Testament gibt es somit nicht in der Art, wie er dargestellt wurde. Hat der Mensch somit einen Freibrief, alles zu machen, was ihm gefällt? *Grundsätzlich ja, aber eingebunden in das Gesetz von Ursache und Wirkung.* Das Universum besitzt durch dieses Gesetz eine Fehlerausmerzung. Diese aber mit dem menschlichen Wort „Strafe" zu bezeichnen, wird der göttlichen Gnade nicht gerecht. Die wunderbare Selbstregulation von Ursache und Wirkung funktioniert perfekt auf materieller wie auf geistiger Ebene. Gott sieht über die menschlichen Fehler und Unvollkommenheiten hinweg, denn es sind notwendige Lernprozesse. Licht wirft keinen Schatten, er entsteht nur durch Formen oder Wesen. Schatten ist die Abwesenheit von Licht. Menschen ernten, was sie gesät haben. Sämtliche menschliche Freveltaten unterliegen diesem Gesetz. Sünden wider den Geist[43] werden bestraft, indem sich dadurch die hohen geistigen Energiekörper nicht entwickeln. Dadurch erhält der Mensch das ewige Leben noch nicht und muss weiterhin entsprechend niedrigere Schwingungsebenen[44] durchwandern. Das heisst, er bleibt dem Wiederverkörperungszwang unterworfen, bis er durch Gottesbewusstsein den Auferstehungskörper entwickeln kann.

Evangelium der Maria, Seite 8 und 9: *„Das Haften an der Materie erzeugt eine Leidenschaft gegen die Natur. So entsteht im ganzen Leib Verwirrung; deshalb sage ich euch: Seid in Harmonie! Wenn ihr verwirrt seid, lasst euch von den Bildern eurer wahren Natur leiten. Wer Ohren hat zu hören, der höre!" Als der Selige dies gesagt hatte, segnete er sie alle und sprach: „Friede sei mit euch - möge mein Friede in euch erweckt und vollendet werden! Seid wachsam, damit niemand euch in die Irre führt, mit Worten wie: „Seht hier, seht da." Denn in eurem Inneren wohnt*

---

43   Sünde wider den Geist = bewusste Trennung des Menschen von Gott

44   Läuterung, im Christentum als „Fegefeuer" bezeichnet

der Menschensohn; folgt ihm nach: Wer ihn sucht, der wird ihn finden. Erhebt euch! Verkündet das Evangelium vom Reich Gottes! Stellt keine Regel auf, ausser der, deren Zeuge ich war. Führt den Gesetzen dessen, der die Thora gegeben hat, keine Gesetze hinzu, um nicht zu ihren Sklaven zu werden." Nach diesen Worten verliess er sie. Die Jünger aber waren betrübt; sie vergossen viele Tränen und sagten: „Wie sollen wir uns zu den Heiden begeben und ihnen das Evangelium vom Reich des Menschensohnes verkünden? Sie haben ihn nicht verschont; wie sollen sie uns dann verschonen?" Da erhob sich Maria, umarmte sie alle und sprach zu ihren Geschwistern: „Seid nicht in Sorge und Zweifel, denn seine Gnade wird euch begleiten und beschützen. Lasst uns vielmehr seine Grösse preisen, denn er hat uns bereit gemacht. Er ruft uns auf, vollkommene Menschen zu werden." Mit diesen Worten wendet Maria ihren Sinn zur Güte und sie liessen sich von den Worten des Erlösers erleuchten.

Das Gewahr werden des göttlichen Geistes im Seelenbewusstsein ist eine empfangende, weibliche Eigenschaft. Die Emanzipation des Weiblichen ist erst dann vollständig, wenn alle Menschen ihre innere Weiblichkeit und Männlichkeit voll entfaltet haben. Die Bibel lehrt „das Weib sei dem Mann untertan", dies bedeutet: „das Weib", respektive die Materie, Natur, Erde, irdischer Mensch, sei dem „Mann", dem Geist, der Schöpfungskraft, der Geisteskraft, dem Verstand, dem Denken, unterstellt. Wo und wie kann der Mensch göttliche Energie empfangen?

Energetische meditative Hilfe mit Exerzitien

Exerzitien heisst geistige Übungen, es sind biblische Textmeditationen. Sie führen in einen strukturierten sechsmonatigen Prozess, der in vier Phasen aufgeteilt ist. Ziel ist dabei, das Unterbewusstsein mit Hilfe des Heiligen Geistes von Ängsten und Widerständen gegen Gott zu reinigen.

Die Meditationseinleitung geschieht nicht durch Abschalten der Gedanken, sonden sie werden mit einbezogen, was kopflastigen Menschen einfacher fällt. Die Gedanken kreisen um einen Gegenstand und suchen seinen Inhalt zu erfassen und der Mensch kommt durch dieses Sinnieren in einen Trancezustand.

Religiöse Hilfe für die Gottesbeziehung

In diesem Zustand ist der Weg zum Unterbewusstsein offen und mit Hilfe des Heiligen Geistes werden Blockaden gelöst und Energien gereinigt. Die geistigen Texte aus heiligen Schriften werden in Bezug zum eigenen persönlichen Leben gesetzt. Die Exerzitien führen somit nicht aus dem täglichen Leben hinaus, sondern in das individuelle geistige Leben hinein. Der Mensch erfährt sich als Individuum und erkennt gleichzeitig, dass er nicht allein ist, sondern einen mächtigen Verbündeten, eine geistige Kraft in seinem Inneren hat. Von dieser inneren, religionsneutralen, überkonfessionellen Gotteskraft kann er Hilfe erwarten und Hilfe erfahren, unabhängig von allen äusseren menschlichen Institutionen oder Verbindungen.

Der Gründer der Übungen, der spanische Mystiker Ignatius von Loyola, vertrat die Meinung, der Heilige Geist könne nicht im Aussen, sondern nur im Menschen wohnen. Die Kirche, in welcher die Schöpfungskraft angebetet wird, sollte der Mensch deshalb in seinem Inneren erbauen. Aus eigenem Erleben erfuhr er, dass es auch für diesen Bau einen Bauplan braucht. Nur ein stabiles Fundament kann die oberen Stockwerke und das Dach tragen. In seinem Kriegshandwerk als Ritter zog er sich eine Verletzung zu und verfügte dadurch über viel freie Zeit. Aus Ermangelung anderer Literatur las er die Bibel und ein Heiligenlexikon und bekehrte sich zum Gottglauben. Ignatius erkannte jedoch, dass weder Bücher noch Kopfwissen ihn zur erhofften geistigen Ruhe und zum inwendigen Erfülltsein führten. Er entdeckte das Meditieren und entwickelte eine Strategie, wie er am einfachsten das ersehnte Ziel erreichen konnte. Seine Meditationsanleitung beinhaltet den benötigten Bauplan zum Aufbau der eigenen, persönlichen inneren Kirche. Bekannt unter dem Namen «Ignatianische Exerzitien im Alltag» wird sein System noch heute erfolgreich eingesetzt. Es wird dabei nicht meditiert, sondern kontempliert. Das heisst, ausgewählte Texte werden meditativ betrachtet, darüber nachsinniert. Die Schriften sind so zusammengestellt, dass sie zuerst ein Fundament der Gottesbeziehung errichten und nachher psychische Reinigungsprozesse auslösen. Zunehmend spürt der Meditierende dabei, wie er innerlich getragen ist und sein Gottesvertrauen, welches entsteht, alltagstauglich wird. Der Ignatianische Exerzitienweg ist ein individueller Weg, es können sich zwar Gruppen zusammenfinden, aber nur als Weggefährten, nicht als Bundgenossen. Daher gibt es keine Gruppenprozesse oder Gruppendynamik; auch wenn einige Übende auf derselben Wegstrecke unterwegs sind, wandert doch jeder im eigenen Rhythmus und nach seinen Vorlieben dem persönlichen Ziel entgegen. Ignatius von Loyola lebte zur Zeit Luthers. Während Luther die Kirche und die Menschen auf mehr intellektuellem Weg zu Gott führte, zog er in die Gegenrichtung. Deshalb wird er auch als „Gegenreformator" bezeichnet. Er wusste, dass der Mensch energetische Hilfe braucht, diese kann er in den Heiligen Sakramenten finden oder mit einer täglichen Meditationspraxis. Als bewährter Krieger und Ritter wollte Ignatius, als er sich auf den Exerzitienweg begab, keine weltlichen Schlachten mehr schlagen. Sein neues Ziel war die alte Suche der meditativen, mystischen Gottfindung. Seiner kriegerischen Seite verdanken die Ignatianischen Exerzitien ihre einmalige Strategie. Durch Erfahrung wusste von Loyola, wie leicht sich der Mensch auf seinem dunklen, geheimnisvollen Pfad der eigenen Schatten verirren kann. Ein klar definierter, strukturierter Weg in Begleitung bietet Gewähr, das innere Licht zu finden und nicht von Irrlichtern verführt zu werden. Denn auf diesem Weg der Einkehr muss sich der Mensch naturgemäss mit verschiedenen Kräften seines Unterbewusstseins und der Astralwelt auseinandersetzen. Er begegnet den göttlichen lichtvollen Engeln, ebenso wie der Dunkelheit, die Ignatius als Teufel bezeichnet. Im aufgeklärten Zeitalter passen wir die mittelalterliche ignatianische Sprache unserem Verständnis an. Aber obwohl wir die gegensätzlichen Kräfte heute anders nennen, bleiben sie in ihrem Wesen dieselben und immer noch aktiv wirksam.

In der Antike nannte man die Unterscheidung dieser Kräfte „Kunst der Künste" und „Wissenschaft der Wissenschaften". Will der Mensch diesen meditativen Weg der Gottfindung allein gehen, verliert er sich allzu leicht in der Versuchung der negativen Energien, welche sich auch oft als Illusionen oder Irrlichter zeigen. Deshalb hilft eine erfahrene geistliche Begleitung[45] und fördert den mystischen Weg. Die folgende Geschichte zeigt, wie Menschen unterwegs sein können. Peter's Wandlung wurde durch den meditativen Exerzitienweg stark geprägt.

---

45 Die Autorin begleitet seit Jahren viele Menschen auf diesem Weg und hat das „Exerzitienhandbuch Liebe" im Dezember 2011 veröffentlicht.

Peter's Wandlung

Peter war ein lebenssprühender, bodenständiger Mann in mittleren Jahren. Er glich einem „Hans Dampf in allen Gassen", überall war er dabei, er war gesellig und beliebt. Mit seiner Frau führte er eine „normale" Ehe, wie er es bezeichnete, Höhen und Tiefen waren abgeschliffen, man blieb zusammen, weil man gemeinsame Kinder hatte, die bereits an der Schwelle des Erwachsenseins waren. Peter war Fachlehrer im Landwirtschaftsbereich. Mit Landwirten konnte er ebenso gut umgehen wie mit „Studierten". Als begeisterter Hobbymusiker spielte er gerne und gut volkstümliche Melodien. Im Grunde genommen war seine Welt in Ordnung. Als kluger Mann wusste Peter, dass die Pensionierung, auch wenn sie erst in zwanzig Jahren anstand, vorbereitet sein will. Deshalb legte er sich auch mehrmals ein neues Hobby zu. Eine Zeitlang faszinierte ihn das Medium Internet, er erstellte Webseiten für sich und seine Freunde oder für einen der zahlreichen Vereine, in welchen er Mitglied war. In der Natur interessierte er sich für die Arbeit des Försters und Wildhüters, absolvierte diverse Prüfungen, so dass er das Jagdpatent erhielt. Sein weiches Herz erlitt jedes Mal fast einen Schock, wenn er ein Tier töten sollte. Also verlegte er sich auf die Tierbeobachtung und wandte sich den Ornithologen zu.

An einem wunderschönen Frühlingstag brach das Verhängnis plötzlich ohne Vorwarnung über ihn herein. Zuckend und schäumend, stöhnend, lag er am Boden und war besinnungslos. Die Ambulanz brachte ihn in das nächste Spital. Eine Transportmöglichkeit, die er bisher nur vom Hörensagen kannte, die ihm in Zukunft aber noch unzählige Male aufgedrängt wurde. Die Ärzte auf der Notfallstation stellten einen schweren epileptischen Anfall fest. Peter war vorher nie krank gewesen, Spitäler kannte er nur durch die beiden Geburten seiner Frau. Als er wieder zu sich kam, verstand er die Welt nicht mehr. Das Schicksal hatte ihn wie einen Baum gefällt und niemand wusste, warum. Bald stellten die Mediziner bei Peter einen Hirntumor fest. An sich war er „gutartig", aber niemand konnte sein Wachstum voraussagen. Peter war verzweifelt, die Frage „warum?" beherrschte ihn lange Zeit und lähmte sein Denken und Handeln. Von Natur aus war er ein Optimist und ein „Macher". Entsprechend nahm er nach dem ersten Schock sein Leben wieder in die Hand. Er informierte sich über seine Krankheit, suchte nach Ursachen und Behandlungsmöglichkeiten und wurde fündig: Die Krankheit Epilepsie[46] oder Fallsucht ist sehr alt. Jeder Organismus mit einem Nervensystem kann unter epileptischen Störungen leiden. So wie ein Stromkreislauf zusammenbrechen oder ein Computer abstürzen kann, kann das hochentwickelte Gehirn lahmgelegt werden. Schon die Babylonier berichten scheinbar auf ihren Keilschrifttafeln darüber, auch die Ägypter schreiben in Hieroglyphenschrift über das rätselhafte Leiden. Der Vater der Medizin, der Grieche Hippokrates, hat ein Buch über Epilepsie geschrieben. Sein Titel lautet: „Über die heilige Krankheit". Die Priester seiner Zeit kannten kein Mittel gegen die Epilepsie, sahen deshalb die Krankheit als göttlich verursacht an. Eine Krankheit also, wogegen die menschliche Heilkunst nichts auszurichten wisse. Epilepsiekranke, so sagt er, brauchen viel Schlaf und er rät ihnen, dem Alkohol zu entsagen. Medizinische Ratschläge, die rund zweitausend fünfhundert Jahre alt sind und die auch heute noch ihre Gültigkeit haben. Epilepsie - „morbus sacer" - die heilige Krankheit, wurde im Laufe der Geschichte immer wieder als göttlich oder dämonisch angesehen. Die lateinische Bezeichnung „sacer" kann heilig heissen oder auch Fluch bedeuten. Der Schrecken des epileptischen Anfalls bewog die Menschen Jahrhunderte lang zu glauben, dass solch eine Krankheit nur von dämonischen Mächten herrühren müsse. Noch heute gibt es esoterische Kreise, die daran glauben. Durch seine Krankheit kam Peter erstmals in seinem Leben mit esoterischen Kreisen in Kontakt. Mühsam lernte

---

46 Epilepsie ist seit dem 16. Jahrhundert nachweisbar und wird auch Fallsucht oder auch Krampfleiden genannt. Sie bezeichnet ein Krankheitsbild mit einem spontan auftretenden Krampfanfall, der nicht durch eine vorausgehende erkennbare Ursache (beispielsweise eine akute Entzündung, einen Stromschlag oder eine Vergiftung) hervorgerufen wurde. Auf neurologischer Ebene ist ein solcher epileptischer Krampfanfall eine Folge anfallsartiger (paroxysmaler) synchroner Entladungen von Neuronengruppen im Gehirn, die zu plötzlichen unwillkürlichen stereotypen Verhaltens- oder Befindensstörungen führen. Zur Diagnose wird die Krankengeschichte erhoben und eine Hirnstromkurve (Elektroenzephalogramm, EEG) abgeleitet. Auch bildgebende Untersuchungen gehören zur Routinediagnostik, während speziellere Verfahren besonderen Fragestellungen vorbehalten sind. Die Behandlung besteht zunächst in der Gabe von krampfunterdrückenden Medikamenten. In therapieresistenten Fällen kommen auch andere Methoden bis hin zur Epilepsiechirurgie zum Einsatz. Eine Epilepsie hat für den Betroffenen vielfältige Auswirkungen auf das Alltagsleben, die in der Behandlung ebenfalls Berücksichtigung finden sollten. Epilepsie betrifft nicht nur Menschen, sondern kann in ähnlicher Form auch bei verschiedenen Tieren auftreten.
Quelle: Wikipedia

er durch Fehlschläge, falsche Versprechungen, Illusionen, dass in der Esoterik Licht und Schatten sehr ausgeprägt vorhanden sind und viele falsche Propheten einfach nur gnadenlos Geld anhäufen wollen. Er entdeckte auch die Alternativmedizin und lernte eine Naturärztin kennen. Bei ihr fand er auch eine neue Liebe und er trennte sich von seiner Frau. Da seine Frau eine medizinische Fachperson war, willigte sie nicht in die Scheidung ein, solange ihr Mann krank war. Peter's allgemeine Beliebtheit begann etwas zu bröckeln, viele ehemalige Bekannte und gar Freunde schauten ihn schief an und redeten sich die Klatschmäuler wund.

Epilepsie wird oft als „Gewitter im Gehirn" bezeichnet

Ihn kümmerte es wenig, das Schicksal hatte ihn auf einen neuen Weg gezwungen und er nahm die Herausforderung mit offenem Visier an. Er suchte neue Wege und fand sie auch. Bald erkannte er die Mängel des herrschenden Paradigmas, etwas, was er vorher nie bemerkt hatte. Er lernte „Stroh vom Weizen" trennen, unterschied zwischen Esoterik und Spiritualität und begab sich auf die Suche nach seinem inneren, geistigen Menschen. Zuerst entdeckte er seine Medialität. Dabei erfuhr er, dass grundsätzlich jeder Mensch mediale Fähigkeiten[47] hat. Angeregt durch seine Partnerin unterzog sich Peter vielfältigsten alternativen Therapien, blieb aber auch in medizinischer Behandlung. Ungeachtet all seiner Anstrengungen „tickte die Bombe weiter". Sein Tumor wuchs, wenn auch langsam. Nach langem Zögern entschloss er sich zu mehrmaliger Chemotherapie. Nach einigem Suchen fand er den meditativen Weg der Ignatianischen Exerzitien. Er meditierte lange Zeit und sein Bewusstsein erweiterte sich zusehends, er fand Kontakt zu seinem Seelenbewusstsein. Seine Haltung zur Krankheit veränderte sich dadurch, er bekämpfte sie nicht mehr, er lernte mit ihr zu leben. Die letzte Chemotherapie sagte er ab. Er wusste nun, dass sein materielles Körperkleid nicht mehr zu retten war, es hatte ausgedient. Seine letzten Lebensmonate verbrachte er damit, die Menschen, die ihm nahe waren, zu trösten und sie auf den kommenden Abschied vorzubereiten. Er war inzwischen in palliativer[48] Pflege hospitalisiert. Sieben Jahre hatte sein Kampf gedauert, jetzt, im achten Jahr, war er bereit, heim zu gehen und er freute sich darauf. Seinem Krankheitsbild entsprechend, verordneten die behandelnden Ärzte starke Schmerzmittel. Doch Peter hatte keine Schmerzen. Er hatte das Gottesbewusstsein gefunden und seinen Auferstehungsleib entwickelt. Die Autorin durfte bei seinem endgültigen Heimgang dabei sein. Peter versammelte seine besten Freunde um sich, nahm von jedem einzelnen mit herzlichen Worten und einem Lächeln Abschied. Dann legte er sich zurück und sagte: „Vater, jetzt bin bereit heim zu kommen, ich freue mich". Mit lachendem Gesicht schloss er zum letzten Mal seine Augen und seine Seele flog davon.

Seine Abdankung hatte er genau geplant vorbereiten lassen. In seinem Namen dankte der zelebrierende Pfarrer allen Menschen, welche Peter bei seinem Wandel vom Lebemann zum wahren

---

47 meint Wahrnehmung, welche über den als Norm betrachteten Möglichkeiten der fünf menschlichen Sinne liegt. Die medialen Fähigkeiten sind sehr individuell und unterschiedlich stark ausgeprägt. Jemand hat beispielsweise eine sehr gute Intuition und kann sich gut in andere hineinfühlen, kann sogar dessen Gefühle spüren, dann spricht man von Empathie. Hat jemand in die Zukunft weisende sehende Träume, die sich später bewahrheiten, so sind diese präkognitiv. Heilen ist ebenfalls eine mediale Fähigkeit.

48 entspricht einer Haltung und Behandlung, welche die Lebensqualität von Patienten und ihren Angehörigen verbessern soll, wenn eine lebensbedrohliche Krankheit vorliegt.

Menschen begleitet und gefördert hatten. Doch auch seine alten Freunde, seine Frau und Familie, die vielen Vereinskollegen, selbst diejenigen, die seinen Wandel nicht nachvollziehen konnten, erwiesen ihm die letzte Ehre und trauerten um ihn.

Blume des Lebens © styleuneed - Fotolia

Er hat das dritte Geheimnis gekannt.

Yolande kehrte auf einem anderen Weg nach Hause zurück. Sie kannte die Exerzitien nicht, sie lebte ihre Spiritualität mit einer mystischen Vereinigung, die viel Gewicht auf intellektuelles, geistiges Wissen, Meditation und Brüderlichkeit legte. Yolande hatte in ihrem irdischen Leben nicht alle Geheimnisse erfahren, war in ihrem Herzen jedoch ein sehr gläubiger Mensch.

Die Heimkehr von Yolande

Der Sog ist gewaltig, ob sie es will oder nicht, wird sie durch diesen Tunnel dem strahlenden Licht entgegen gezogen. Die Begrüssung am Tor ist stürmisch und herzerwärmend. Doch Yolande sträubt sich, „ich kann ihn doch nicht allein lassen", dröhnt es in ihrem Kopf. Sie will zurück, ihm helfen, für ihn da sein, ihn umsorgen, er ist doch so schrecklich einsam ohne sie. Sanfte Arme umfassen sie, es ist alles richtig so, lass los, flüstert es tausendfach um sie herum. Doch so schnell gibt sie nicht auf, sie war zeitlebens eine Kämpfernatur. Stets hatte sie sich um andere gesorgt, war für sie da, gab Sämtliches, dass sie dabei selber zu kurz kam, hat sie nicht bemerkt. Manchmal war ein Anflug einer Ahnung da, „es wäre doch schön, mehr Zeit für sich zu haben", vertraute sie dann einer Freundin an. Doch diese Augenblicke waren selten, wie ein Hauch im Wind vergingen sie, ohne Spuren zu hinterlassen. Sie war ein guter Mensch, hatte ein erfreuliches Leben gelebt und war beliebt. Ihr Lebensinhalt war ihr Ehemann, für ihn gab sie alles, er nahm stets die erste Stelle ein. Sie merkte nicht, dass ihre übergrosse Fürsorglichkeit nicht im Einklang mit dem geistigen Gesetz war. Sie handelte doch nur aus Liebe. Weit und breit gab es keine bessere Ehefrau, auch nach vielen Ehejahren liebte sie ihren Mann immer noch über alles.

Der Meister lehrte sie die drei heiligen Geheimnisse.

Entsprechend tat der Abschied weh, sie hatte nie gelernt loszulassen. Sie war auch sehr tierliebend und eine grosse Hundefreundin. Ihr Kampf am himmlischen Tor dauerte unausgesetzt an, sie musste zurück. Auf einmal wurde es ganz ruhig, der Meister persönlich kam und nahm sie bei der Hand: „Komm, kleine Schwester", sagte er zärtlich und führte sie heim. Unterwegs erklärte er ihr geduldig das heilige Liebes-Gesetz; dass Liebe sich niemals aufdrängt. Erschüttert erkannte Yolande, wie sie mit ihrer grossen „Liebe" ihren Mann erstickt hatte. Buchstäblich den Lebensatem hatte sie ihm geraubt, indem er dank ihrer Fürsorge keine Selbständigkeit entwickeln konnte. „Deshalb wird er jetzt noch einige Zeit allein bleiben, um sein individuelles Lebensgefühl entwickeln zu können", erläuterte ihr der Lehrmeister liebevoll. Bittere Tränen stiegen in ihr hoch, doch er beruhigte sie: „Ihr wolltet beide diese Erfahrung erleben, weine nicht, liebe Schwester, alles ist gut". Schon auf Erden war Yolande für viele Menschen spirituelle Lehrerin und Heilerin gewesen. In ihrer geistigen Heimat durfte sie diese Tätigkeit weiter ausführen. Unvorstellbar bereichernd war die Beschäftigung hier; keine Vorurteile, keine Blockaden der Persönlichkeit behinderten die Heilenergie. Sie erinnerte sich, wie sie damals im Tempel von Atlantis mit Klängen und Wohlgeruch gearbeitet hatte. Im selben Moment war ihr Arbeitszimmer erfüllt von himmlischen Melodien. Harmonisierende Düfte, die der Beschreibung jeglicher Worte spotten, umschmeichelten sie. Spirituelle Wahrheiten strömten in ihr Bewusstsein und Yolande erkannte, wie wenig sie wusste. Obwohl sie keine Anfängerin war und in vielen irdischen Inkarnationen zahlreiche Erfahrungen gesammelt hatte, öffneten sich ihr unbeschreibliche Horizonte. Grenzenlose Liebe zum Meister durchströmte sie, wie viel hatte sie schon von ihm kennenlernen dürfen. Unermesslich waren seine Geduld, allumhüllend seine Liebe, unvorstellbar sein Wissen. „Welch' eine Gnade ist es, ihn kennen zu dürfen", dachte sie dankbar. Ihre vierbeinigen Freunde, die sie bereits auf Erden begleiteten, befanden sich stets um sie herum. Der Blick in treue Hundeaugen tröstete sie, wenn sie wahrnahm, wie ihr treugesinnter Ehemann sich auf Erden abmühte. Sie sandte ihm so viel Liebe und so viele Seelenimpulse,

wie sie konnte. Er war in seiner Trauer versteinert, vergrub sich in seine Arbeit. Ihr gemeinsames Heim pflegte er, nahm sich Putzhilfen und verwandelte Haus und Garten in ein Museum, das vergeblich auf seine verblichene Besitzerin wartete. Er gönnte sich kaum Ruhe, schlief immer noch im ehelichen Schlafzimmer, ihr Nachtkleid auf dem Bett neben sich ausgebreitet. Freunde bemühten sich ihm zu helfen, doch er liess sie nicht an sich heran. „Wenn du nur wüsstest, wie schön es hier ist und wie sehnsüchtig ich auf dich warte", übermittelte sie ihm. „Lass los, dann geht es viel schneller, lebe dein Leben, freue dich an der Schöpfung", flüsterte sie ihm zu. Doch er war nicht auf Empfang. Er steckte fest in der endlosen Schleife der Trauer und des Alleinseins. Es tat ihr weh und sie erfasste, wie viele Schmerzen sie ihm unbewusst bereitet hatte mit ihrer Überfürsorglichkeit. „Ich habe ihn nicht respektiert, ihn zum Kind degradiert", erkannte sie mit Schrecken. Indem sie jetzt sein Elend mittrug, konnte sie Karma abtragen und wieder gutmachen. Lange Zeit litten beide an ihren Fehlern. In der geistigen Welt half Yolande vielen Seelen weiter, achtsam überprüfte sie ihre Hilfsbereitschaft, sie hatte gelernt, was „Helfersyndrom" bedeutet. Nie mehr nötigte sie jemandem ungefragt ihre Hilfe auf. In ihrem Schmerz um ihren Ehemann wurde sie nie allein gelassen, immer waren sofort liebevolle Wesen um sie, die sie trösteten. Ihre Tätigkeit beglückte sie und es war kein Bedauern in ihr, dass sie nicht mehr auf Erden weilte. Ihr erfülltes, wohltuendes Leben in der materiellen Welt bewahrte sie wie einen kostbaren Diamanten in ihrem Herzen. Vergessen war aller Unbill, es blieben nur schöne Erinnerungen, die sie um keinen Preis missen wollte. Da, wo sie sich jetzt befand, gab es weder Ungeduld noch Sehnsucht, dass ihr Mann bald eintreffen möge. Zeit existierte nicht mehr. Sie wusste, eines Tages war er wieder bei ihr und dann würden sie neue gemeinsame Pläne für die Zukunft schmieden, wo diese auch immer stattfinden möge. Dankbarkeit, Liebe und Harmonie erfüllte ihr Dasein. Schon auf Erden war sie eine begnadete Malerin gewesen. Die Werke, welche sie jetzt erschaffen durfte, erfreuten sogar den Meister. Mehr als einmal hatte sie ihn sinnend vor einem ihrer Bilder gesehen. „Danke Herr, für die Talente, die ich bekam", dachte sie, als sie zum Pinsel griff...

Bildrahmen © Pixelot - Fotolia

Energetische kirchliche Hilfe

Energie kann nicht aus dem Nichts entstehen. Die Energie, aus der unser Universum und somit auch der Mensch besteht, ist in ihrem letzten Ursprung Gott selber. Es ist die Schwingung seiner Liebe, die in uns lebt und in jeder Sekunde unser Leben unterhält. In der ganzen Schöpfung gibt es nichts, was sich ausserhalb dieser Energie (Gott) befindet. Gott ist alles, was ist, er/sie ist ewig, ohne Anfang, ohne Ende, Energie kann nicht zerstört, nur transformiert werden. Die All-Intelligente Gottesenergie kann eingeladen und dadurch verdichtet werden. Das geschieht beispielsweise durch die heilige Liturgie. Der christliche Bischof und Theosoph Charles W. Leadbeater hat diesbezüglich geforscht und seine Resultate auch bildlich festgehalten. Die Bebilderung des nachfolgenden Abschnittes stammt aus seiner Quelle[49]. Sein Wissen deckt sich mit dem theologischen Wissen, welches die Autorin im Priesterseminar der syrisch-orthodoxen Kirche erhielt.

Die Heilige christliche Messe mit der alten Liturgie aus der Zeit vor der Reformation ist ein geistiges Ritual und hat den Zweck, eine energetische Zelle aufzubauen, in die sich der Heilige Geist ergiesst. Durch Wechselgebete zwischen der Gemeinde und dem Priester und mit Hilfe der Engelchöre erhöht sich die Schwingung an dem Ort stetig, bis diese (spürbare) subtile Energieverdichtung gebildet ist. In diesem „Energiebad" wird der Mensch berührt und geheilt.

Zu Beginn der Messe wird die Altarräucherung mit Weihrauch, dem pflanzlichen Lichtträger, durchgeführt: Die Ziffern bezeichnen, in welcher Reihenfolge der Priester die Schwünge mit dem Rauchfass zu machen hat, während die Pfeile die Richtung der Schwünge anzeigen. Das Tabernakel, das einen Teil eines jeden Altars bildet, ist auf dem Bild nicht ersichtlich, eben-

---

49   „Die Wissenschaft der Sakramente" von Charles W. Leadbeater, Ernst Pieper, Ring-Verlag, Ausgabe 1929, ebenso die Bilder auf den Seiten 121-126

sowenig die Altarplatte aus Marmor, welche sich auf jedem Altar befindet und den eigentlichen Energieträger darstellt. Aufbau der Energie; Bildlauf von links oben nach rechts unten:

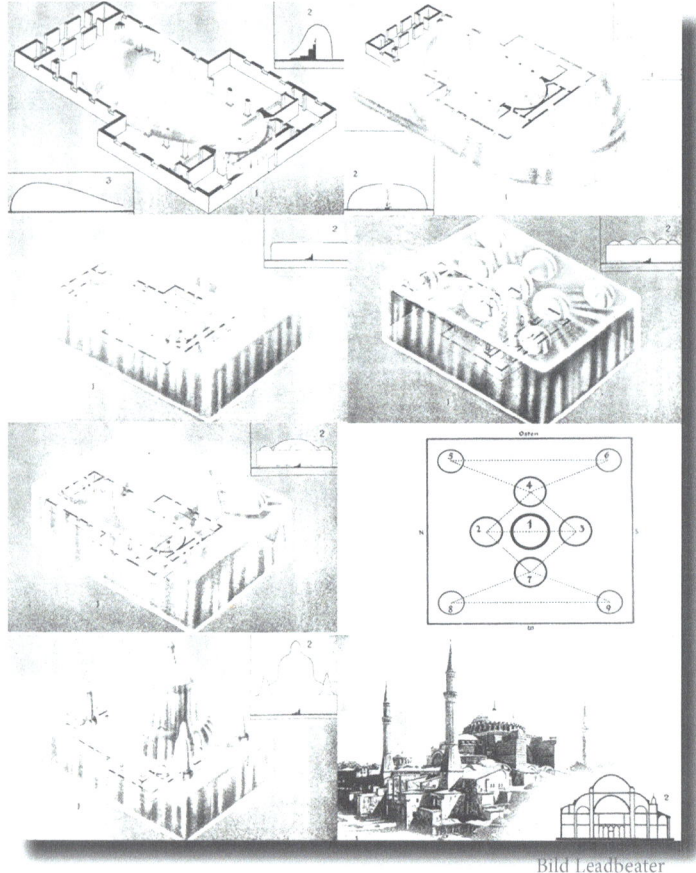

Bild Leadbeater

Zuerst entsteht eine Energieblase, welche sich immer mehr verformt bis sie eine rechteckige Zelle bildet. Mit der Anrufung der Engelchöre erscheinen die Kuppeln gemäss der dargestellten Reihenfolge (Bild 6), dann bildet sich eine Mitttelkuppe und mit der Eucharistie erhebt sich schliesslich der Dom in der Mitte. Die älteste christliche Kirche, die Haiga Sofia in Konstantinopel, wurde gemäss dem energetischen Gebilde erbaut, wie das Bild rechts unten zeigt. Das erschaffene Energiegebilde ist während mehrerer Tage sicht- und spürbar und dehnt sich weit über die Kirche hinaus, wie die kleinen Ausschnitte auf den Bildern zeigen. Solche liturgischen Messen werden heute noch in der Ostkirche zelebriert. Sie dauern mindestens 90 Minuten und sind jeweils ein Heilungs- und Reinigungsritual für die Teilnehmer. Die Autorin zelebriert zeitweise solche liturgischen Gottesdienste im Rahmen der keltisch-orthodoxen Tradition, in welcher sie zur Bischöfin geweiht wurde.

Der Spender sämtlicher Sakramente ist immer und in jedem Fall Jesus Christus, ein Priester ist bloss das Werkzeug, welches Er dazu benützt. Die Menge und Qualität der gespendeten Energie ist vom Werkzeug unabhängig, massgebend ist die Empfangsbereitschaft des Empfängers.

Deshalb können die Sakramente auch empfangen werden, wenn ein Priester nicht geweiht wurde oder die Bedeutung der Sakramente nicht mehr kennt.

Sakramente sind energetische Geschenke

Die sieben heiligen Sakramente der christlichen Kirche sind energetische Dienstleistungen zu Gunsten der Gläubigen. Das Sakrament der Taufe bezweckt die Aufnahme in die Kirche Christi, in das geistige Leben, welches zur Verbindung mit dem inneren Menschen führt. Zuerst werden mit Hilfe der Zeremonie die Energiekörper und Energiezentren des Säuglings gereinigt. Beim Dimensionswechsel der Geburt können manchmal ungute Energien mitschlüpfen. Die Chakren des Kindes vergrössern sich durch die Taufe um mehr als die Hälfte. Dem Täufling wird ausserdem ein zweiter Schutzengel berufen, welcher ihm zeitlebens beisteht.

Erwachsene erneuern ihre Taufe jeweils am Ostersonntag und mit jeder Eucharistie. Gereinigt durch die Busse in der Fastenzeit, welche nicht ein irdisches, sondern ein geistiges Geschehen sein sollte, wird der Gläubige an Ostern wiedergeboren zum neuen, geistigen Leben. Bei der Fastenzeit ging es nicht einfach um Essensenthaltung, sondern um die Besinnung auf die geistige Heimat; und um die Bitte um Reinigung von Fehlern, Ängsten und Schuldgefühlen. Diese Reinigung hat Jesus symbolisch mit der Fusswaschung der Jünger gezeigt. Deshalb werden während der heiligen Ostermesse am Gründonnerstag jedem Besucher der Heiligen Messe die Füsse gewaschen. Diese Waschung steht symbolisch für die Waschung des inneren Menschen (Unterbewusstsein), welche Jesus auch bei seinen Jüngern vorgenommen hatte. Führt ein Priester in der apostolischen Nachfolge diese Waschung durch, hat sie nicht nur Symbolgehalt, sondern ist eine echte Hilfe auf dem Weg zur Verbindung von Geist und Materie, um eins zu werden mit Gott in uns. Diese geistige Reinigung wird auch mit dem Sakrament der Absolution angeboten; energetische Belastungen, welche durch menschliches Fehlverhalten erzeugt wurden, werden durch das Sakrament energetisch im Unterbewusstsein aufgelöst. Das Sakrament der Beichte/Absolution wird in der keltisch-orthodoxen Kirche bei jeder Heiligen Messe gespendet.

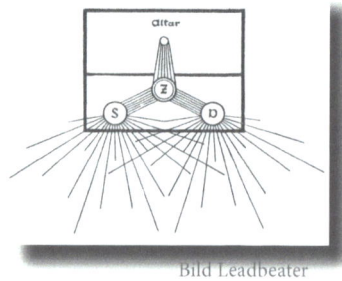

Bild Leadbeater

Bei der Kollekte sammelt der Priester mit Hilfe der Diakone die Energie der Gemeinde ein, wie das nebenstehende Bild zeigt. Dabei wird nicht öffentlich gebeichtet, sondern still im Herzen vor Christus. Die gesammelte Energie der Gemeinde wird zu Christus geleitet. Es entsteht dabei ein Vakuum im Menschen, welches wahrgenommen werden kann. Dies ist übrigens der Grund, weshalb früher die Kirchen nach Beginn der Messe geschlossen wurden. Würde ein Messeteilnehmer mit dem Vakuum die Kirche verlassen, würde sich diese Leere sofort mit einer zufälligen Energie füllen. Mit der Eucharistie erhält jeder Messeteilnehmer seine gereinigte Energie von Christus zurück. Bei der Eucharistie findet somit ebenfalls eine Reinigung der Energiekörper und des Unterbewusstseins statt. Das Sakrament der Firmung ist eine Art Wiederholung der Taufe, indem das Kind nochmals gereinigt und mit Christus verbunden wird. Die Firmung wird vom Bischof durchgeführt.

Beim Sakrament der Ehe verbindet der Priester energetisch die beiden Auren der Partner mit einem Ring. Beim Sexualakt, in wahrer Liebe durchgeführt, verbinden sich die Auren der beiden Partner, dabei wird jede Aura ungefähr um ein Drittel vergrössert. Sie nimmt einen Teil des Energiefeldes vom Partner auf.

Diese energetische Verbindung bleibt lebenslang bestehen und kann nicht mehr ganz rückgängig gemacht werden; deshalb verbietet die katholische Kirche die Scheidung. In Liebe verbunden, können sich beide Partner energetisch mit Gott verbinden; aus zwei wird drei. Die energetische Verbindung findet nicht bei jedem Sexualkontakt statt; fehlt sie, laugen sich beide Partner gegenseitig aus und sind nicht fähig, sich gemeinsam mit Gott zu verbinden. Das Sakrament der Ehe ist somit auch eine energetische Hilfe.

Die Krankensalbung ist ebenfalls energetische Hilfe, besonders die Letzte Ölung, welche, wenn sie korrekt ausgeführt wird, dem Sterbenden helfen kann. Die Chakren werden energetisch geschlossen, damit der Ablösungsprozess der Seele schneller und leichter stattfinden kann.

Die Priesterweihe ist ein besonderes Geschenk, welche dem Seelsorger hilft, sein Amt besser ausführen zu können, wie es im nachfolgenden Bild und Text von Charles W. Leadbeater ausführlich erklärt wurde.

Das Sakrament der Priester-Weihen

Siehe zum Vergleich das Bild „Pläne der feinstofflichen Welten" auf Seite 49

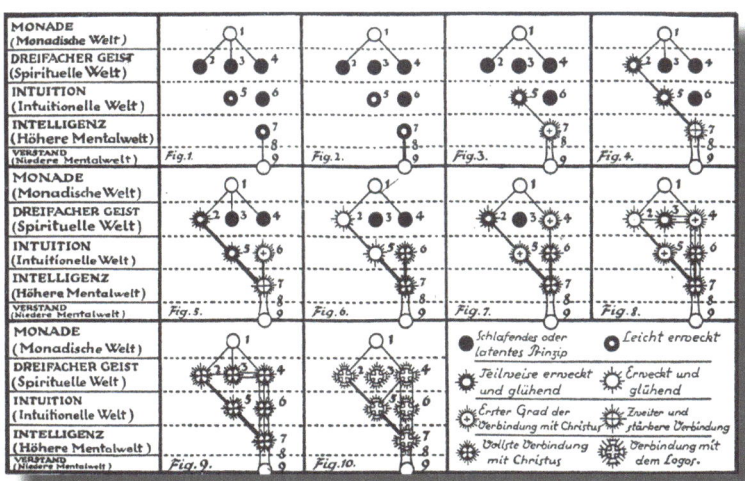

Bild Leadbeater

Sakramente sind energetische Geschenke

Priesterweihen sind Sakramente, die Jesus Christus spendet; nur wer von Ihm berufen ist, erhält sie. Sie aktivieren energetische, theurgische Fähigkeiten, so dass ein geweihter Priester die Fähigkeit zum Heilen und Exorzismus erhält, wie es die Jünger hatten. Der Weg der Weihen ist ein geistiger Weg und beinhaltet Verzicht, Prüfungen und unbeschreibliche Segnungen. Originalerklärung von Leadbeater zum Bild Priesterweihe (Bild unten):

DIAGRAMM 11. — **Die Erweckung der menschlichen Prinzipien während der Weihe.** Es stellen dar: 1 die Monade; 2, 3 und 4 den in der spirituellen Welt manifestierten dreifachen Geist; 5 und 6 die zwiefache intuitionelle Natur in der Welt der Intuition; 7 die Intelligenz im Kausal- oder Seelenkörper; 8 das Band zwischen der Individualität und der Persönlichkeit, während 9 den Verstand im Mentalkörper darstellt. (Die Erklärung dieser Prinzipien des Menschen findet man im Anhang.)

Fig. 1. — In einem intelligenten und gebildeten Laien ist die des Kausalkörpers nur teilweise erweckt. Es mag auch eine leichte Erweckung der Intuition, 5, und selbst des Geistes, 2, vorhanden sein. Das Band, 8, zwischen Individualität und Persönlichkeit ist schwach.

Fig. 2. — **Bei der Weihe zum Subdiakon** wird diese Verbindung, 8, erweitert, um sie für die plötzliche Ausdehnung, die bei der nächsten Weihe stattfindet, vorzubereiten.

Fig. 3. — **Bei der Weihe zum Diakon** wird die Verbindung zu einem Stromweg erweitert und die Intelligenz, 7, mit dem entsprechenden Christusprinzip verbunden. Es kommt in manchen Fällen auch vor, daß das Prinzip, 5, miterweckt wird und leicht zu glühen beginnt, wodurch eine schwache Verbindungslinie zwischen ihm und 7 hergestellt wird.

Fig. 4. — **Bei der ersten Handauflegung während der Priesterweihe** werden die Prinzipien 2 und 5 zum Glühen gebracht und eine Linie zwischen 2 und 5 gebildet, während die zwischen 5 und 7 bereits bestehende Verbindung vertieft wird. Das Glühen ist gewöhnlich in 2, aber betonter in 5. Der Stromweg, 8, ist erweitert.

Fig. 5. — **Bei der zweiten Handauflegung** wird das Prinzip, 6, im neuen Priester mit dem von Christus verbunden, während das vorher zu 7 hergestellte Band verstärkt wird. Die schräge Linie zwischen 2, 5 und 7 wird vertieft und 7 noch weiter geöffnet, damit mehr jene von der schrägen Linie kommenden Kraft hindurchfließen kann.

Fig. 6. — **Die Entwicklung eines idealen Priesters** ist für einen Mann von großer Entschlossenheit möglich, der durch Jahre hindurch daran arbeitet, die Verbindungen zwischen seinen eigenen Prinzipien und denen von Christus zu verstärken. Er kann das Band, das zu 6 und 7 hergestellt ist, vertiefen und die Prinzipien 2 und 5 zu kraftvoller Tätigkeit wachrufen, wodurch er sich zu einem Stromweg von außerordentlicher Gewalt macht.

Fig. 7. — **Bei der Weihe eines Bischofs** werden die Prinzipien 4 und 5 mit Christus verbunden und die mit 6 und 7 bereits bestehenden Bande bedeutend verstärkt.

Fig. 8. — **Wenn das Haupt des neuen Bischofs mit Chrisam gesalbt wird**, erglühen seine Prinzipien 2 und 3 in wunderbarster Weise. Die drei Linien, welche die Prinzipien 4, 6 und 7 verbinden, zeigen an, daß ein Bischof die dreifache Kraft des dreifachen Geistes in den Kausalkörper herabziehen und sodann im Segen ausstrahlen kann.

Fig. 9. — **Die Entwicklung eines idealen Bischofs** ist demjenigen möglich, der jedwede Gelegenheit voll ausnützt. Alle seine Prinzipien werden zu Stromwegen, die auf die Macht und Liebe reagieren, sodaß er zu einer wahrhaftigen Sonne spiritueller Energie und spirituellen Segens wird.

Fig. 10. — **Der vollkommene Mensch** ist nicht nur mit Christus und seinem eigenen höheren Selbst, der Monade, verbunden, sondern wird auch mehr und mehr zu einer Erscheinung des Logos, der Gottheit selbst, die das Sonnensystem hervorgebracht hat. Er wird zum Meister, für Den Verkörperung nicht länger nötig ist.

Bild Leadbeater

Zusammenfassung des 3. Geheimnisses

Durch das Seelenbewusstsein kann eine stabile Gottesbeziehung entwickelt werden, dadurch entsteht mithilfe des Heiligen Geistes der Auferstehungsleib, der Mensch ist erleuchtet und erhält das ewige Leben. Die Gottesverbindung muss vom Verstandesbewusstsein und dem Unterbewusstsein gewünscht werden. „Kopf" und „Bauch" müssen sich einig sein. Es ist somit eine bewusste und unbewusste Verbindung. Damit dies möglich wird, müssen zuerst die Widerstände des Unterbewusstseins erforscht und aufgelöst werden, sonst kann die Verbindung unbewusst verhindert werden.

Das Unterbewusstsein, auch Psyche oder unteres Herzfeld genannt, ist der unbewusste Anteil des Bewusstseins. Das Unterbewusstsein kann sich der Kraft des Herzfeldes bedienen, welches 100 bis 5'000 mal stärker ist, als das energetische Feld des Kopfes. Das Herzfeld ist auch Sitz der Seele und des Gottesbewusstseins. Das Unterbewusstsein und die Seele kommunizieren mit dem Bewusstsein durch Impulse und Bilder oder Gedanken und Gefühle. Es ist sehr schwer zu unterscheiden, von wem diese Impulse stammen. Meditative Zustände können bei der Unterscheidung helfen.

Selbsterkenntnis ist die wichtigste Forderung jedes spirituellen Weges. Die Widerstände kann der Mensch selten allein auflösen, er braucht dazu die Hilfe des inneren göttlichen Geistes. Einen guten Weg hierfür bieten beispielsweise die geistigen Übungen der „Ignatianischen Exerzitien im Alltag". Auch kirchliche Sakramente helfen. Natürliche Orte in der Natur mit hoher Schwingung können ebenfalls hilfreich sein.

Sakramente sind energetische Geschenke

Das Seelenbewusstsein wohnt „hinter" oder „über" dem Bewusstsein und kann deshalb praktisch nur durch Energieerhöhung und Erweiterung des natürlichen Bewusstseins erreicht werden. Gebete, Meditationen, Energieerhöhung durch Einweihungen, Rituale oder Heilungen in Verbindung mit dem Heiligen Geist können mithelfen, diesen Zustand zu erreichen.

Paradigmawechsel © GIS - Fotolia

Die drei Geheimnisse im Alltag leben

Heute, in der Moderne, ist der Mensch mehrheitlich mit dem Bewusstsein der irdischen Persönlichkeit verbunden. Wie uns die alten Kulturen vermitteln, beginnt momentan eine neue Zeit. Die alte Welt ging unter, sie existiert nicht mehr, viele Konzepte stimmen nicht mehr. Eine Weiterentwicklung hat in vielen Bereichen begonnen. Evolutionsforscher waren sich schon lange einig, dass der derzeitige Quantensprung nicht bloss in der Materie stattfinden kann, sie erwarteten mehrheitlich eine geistige Evolution. Dabei waren sie sich einig, dass der Menschheit eine sprunghafte Entwicklung bevorsteht, ähnlich dem Evolutionssprung vom Mittelalter in das Industriezeitalter. Paradigmawechsel - Umdenken ist angesagt.

Bewusste Menschen dürfen sich nicht länger mit einem Zehntel[50] der Wirklichkeit zufrieden geben.

Alte, hochstehende Weise wussten, dass der Mensch ein geistiges Wesen ist, die damaligen Menschen waren auf natürliche Art mit ihrem Seelenbewusstsein verbunden. Heutige Menschen haben nicht nur diese Verbindung verloren, sie wissen manchmal gar nicht mehr, dass es sie gibt. Durch die gewaltige Entwicklung des Intellektes, welcher den Menschen befähigt, nach den Sternen zu greifen, hat sich das Bewusstsein in intellektuelles Denken und Unterbewusstsein gespalten, welche scheinbar unabhängig voneinander operieren können. Dadurch ist die fatale Verwechslung möglich geworden, welcher beispielsweise Angelina unterworfen war. Medial begabte Menschen werden sich des Bewusstseins, das ausserhalb des Körpers existieren kann, zwar wieder gewahr, sie haben aber wenig Wissen über ihr eigenes Unterbewusstsein und die damit verbundene Astralwelt. Sie wissen nicht, dass sie nicht automatisch mit ihrer Seele verbunden sind. Da in den letzten Jahren die geistig, mystische Bildung vernachlässigt wurde, verfügen die Menschen über keine oder nur wenig Unterscheidungsfähigkeit in den Bereichen jenseits der Materie. Gemäss den theosophischen Forschungen hat die

---

50 durchschnittlich benützt der Mensch bloss zehn Prozent seiner Hirnzellen; Quantenphysiker haben festgestellt, dass wir mit unseren fünf physischen Sinnen nur ungefähr einen Zehntel der Wirklichkeit wahrnehmen können

Ätherwelt, die bereits mit den normalen fünf Sinnen nicht mehr wahrgenommen werden kann, vier Ebenen mit je drei Unterbereichen. Die Astralwelt, gemeinhin als Jenseits bezeichnet, hat sieben Ebenen mit jeweils drei Unterteilungen. Die untere Mentalwelt hat ebenfalls vier Ebenen. Somit muss der Mensch fünfzehn Schwingungsdimensionen mit je drei Unterebenen durchdringen, bevor sein Bewusstsein das Paradies erreicht, in welchem Adam weilte. Überdenkt man diese Grössenordnung, erscheint es plötzlich nicht mehr so befremdlich, dass ein Mensch wie Angelina sich ein Leben lang verirren konnte. Wer nur aus dem Persönlichkeitsbewusstsein und gar nur aus dem bewussten Denken heraus handelt, wahrnimmt und denkt, läuft in Gefahr,

Magische Buch © lassedesignen - Fotolia

den Anschluss an die Seelenebene zu verpassen. Der Mensch hat im natürlichen Bewusstsein zwei Arten von Gedanken; die schwachen Gedanken des Intellektes und die stärkeren, vom Unterbewusstsein inspirierten Gedanken. Die feinen Impulse der Seele, der Ethik, nehmen viele nicht wahr, weil sie verlernt haben, auf diese feine Stimme zu lauschen. Im Getöse des Alltags geht sie oft verloren. Er hat auch zwei Gefühlsebenen; Gefühle und Emotionen. Gefühle sind Liebe, Dankbarkeit, Fürsorge; sie fallen dem Menschen zu, wenn er in Verbindung mit Gott ist. Gedanken sind die Väter der Emotionen, sie können kontrolliert werden. Positiv denken, Mentaltraining, heissen die Zauberformeln dafür. Viele haben es versucht und sind dabei gescheitert. Warum? Oft werden die positiven Gedanken nur mit dem schwachen Sender des Gehirns, dem Intellekt, ohne innere Überzeugung des

Herzens, gedacht. Negative Gedanken sind immer mit Emotionen verbunden. Ist der Kopf, der Intellekt, das bewusste Denken, beispielsweise der Meinung: „Ich möchte mit Gott verbunden sein" und das Unterbewusstsein hat Angst davor, dann wird diese Angst mit der Kraft des Herzfeldes ausgesendet, welche wie schon dargelegt, 5'000 mal stärker als die Gedankenkraft ist. Angst ist eine Emotion und stärker als der Intellekt. Die Verbindung mit dem Christusgeist geschieht im Bewusstsein des Herzfeldes, dieses wird dadurch entwickelt. Meditation, insbesondere der Exerzitienprozess, ist ein Weg dazu. Meditation verbindet die Gedanken mit dem Herzen, auch wenn man dabei anfangs nichts spürt. Da viele Menschen hauptsächlich den Intellekt und ihre Triebe entwickelt haben und zudem die Triebe im Unterbewusstsein verdrängen, haben sie in der Regel schlechten Zugang zu wahren Gefühlen. Sie können deshalb ihre eigenen Herzgefühle und das Wirken der Christuskraft anfänglich oft nur schlecht oder fast gar nicht fühlen. Selbsterkenntnis gehört zu jedem spirituellen Fortschritt. Darum macht geistige Weiterentwicklung Sinn. Religion macht ebenfalls Sinn, weil sie energetisch weiterhilft. Die geistige Welt existiert, sie wartet auf den Menschen, auf dass er sie im Kleid der Persönlichkeit wahrnimmt, sich mit seiner Seele verbindet und in den Bund mit Gott eintritt, jetzt, nicht erst nach dem leiblichen Tod. Das Seelenbewusstsein kann nicht handeln, wenn die Persönlichkeit nicht einverstanden ist. Es hat zwar den freien Willen erhalten, ist aber der Materie unterstellt. Das Ego muss sich bewusst zur Zusammenarbeit mit der Seele entscheiden. Die geistige Entwicklung unterliegt dem freien Willen und dieser freie Wille wird von der geistigen Welt, selbst von Gott, einhundertprozentig respektiert. Deshalb wartet Gott geduldig darauf, dass sich der Mensch entschliesst, mit Ihm den Bund zu schliessen. Anschliessend hilft Gott den grossen und kleinen Menschenkindern jeweils den inneren Menschen, das Seelenbewusstsein, zu entwickeln.

Verbindung mit dem Seelenbewusstsein

Die Verbindung mit seinem Seelenbewusstsein macht den Menschen zur wahren Tochter oder zum Sohn Gottes, das heisst, der Mensch wird zum Mitschöpfer. Er kreiert sein Leben und seine Zukunft. Ohne Seelenverbindung wird diese Arbeit vom Unterbewusstsein verrichtet; Ängste, Frust, Wut oder Trauer beeinflussen das Leben und werden immer wieder neu erschaffen. Das Unterbewusstsein gehört zum irdischen Kleid der Persönlichkeit, es besitzt weder die Weitsicht noch die Güte der Seele, entsprechend erbärmlich können seine Kreationen sein. Der Mensch ist aber weit mehr als sein irdisches Bewusstsein; wenn er seine Gotteskindschaft annimmt, kann er die Materie, sich selbst, die Umwelt und seine Lebensumstände verändern. Von der irdischen Wissenschaft des Bewusstseins, der Psychologie, wird ihm diese Fähigkeit abgesprochen, als Kind der Naturwissenschaft glaubt *sie* nicht an die Existenz der Seele. Um sich mit der Seele zu verbinden, braucht der moderne Mensch, welcher in noch nie dagewesener Weise in der Materie verhaftet ist, Hilfe. Diese Hilfe wird ihm von der geistigen Seite, auf Anfrage, bedingungslos offeriert. Die Entscheidung dazu muss allerdings frei und selbstbestimmt vom Menschen kommen. Da diese Anfrage nicht nur vom Intellekt allein kommen kann, weil das Unterbewusstsein eine mitbestimmende Instanz ist, braucht der Mensch Werkzeuge, welche seinen Kopf mit dem Bauch, dem Unterbewusstsein, verbinden, damit er sein Herz, seine Seele erreichen kann. Diese kann dann, mit Einverständnis aller Instanzen der inkarnierten Persönlichkeit, die Verbindung zum inneren, geistigen, göttlichen Menschen und zum Heiligen Geist herstellen.

Welche mystischen Wege dazu geeignet sind, wurden im vorliegenden Buch erläutert, es sind dies vor allem Gebet, Meditation und Liebe. Energetische Hilfe bringt Menschen ebenfalls weiter. Warum können Pflanzen den Menschen heilen? Warum können Halbedelsteine, Mineralien, ihn beruhigen oder aufregen? Was für eine Kraft liegt in den unschuldigen Augen eines sanften Tieres? Die göttliche Energie durchdringt alles. Im Mineralreich ist sie unbelastet von Emotionen und Gedanken, im Pflanzenreich ist sie unbelastet von Gedanken und im Tierreich ist sie unbelastet von den Unterscheidungen des Intellektes, deshalb kann sie Menschen heilen. Nur der menschliche Wille, geführt vom menschlichen Intellekt, kann sich von der Schöpfungsenergie weitgehend ausgrenzen. Die göttliche Energie steht dann nur noch als vitale Lebenskraft zur Verfügung, nicht mehr als nährende, tröstende, erfüllende, ewige Liebe.

Der erste Schritt etwas zu ändern, besteht darin, sich Wissen anzueignen, der zweite, ebenso wichtige Schritt ist, die neuen Erkenntnisse anzuwenden!

Über die Autorin

Marie Thérèse Rubin ist Seelsorgerin und zertifizierte Fachperson für psychologische Nothilfe. Ihr Werdegang als Journalistin und Autorin umfasste ebenfalls das Studium der Psychologischen Astrologie, der alternativen Heilkunst, der Altchristlichen Theologie und der Parapsychologie. Im Herzen der Schweiz geboren, liebt sie ihre Heimat und deren urtümlichen Volksbräuche. Sie ist auch engagierte Ehefrau, Mutter, Grossmutter. Zahlreiche Auslandaufenthalte und Kontakt mit verschiedenen Religionen und Geistesrichtungen öffneten ihren Geist. Jesus Christus ist ihr Lehrer, er führt - nach ihrer Ansicht - die Menschen über alle menschlichen Beschränkungen hinaus in das allgegenwärtige, allumfassende Gottesreich. Sie ist überzeugt, dass es ausser auf der Erde noch zahlreiche andere Welten mit intelligenten Lebewesen gibt, deshalb findet sie die Bezeichnung „Terra" passend und empfindet sich selber auch als „Terranerin".

Eiger, Mönch, Jungfrau © Marcel Hurni - Fotolia

Danksagung

Allen Menschen, die ich während meiner seelsorgerischen und therapeutischen Tätigkeit begleiten durfte, danke ich herzlich für Ihr Vertrauen. Sie haben mich inspiriert, dieses Buch zu schreiben, indem ich ihnen in ihren Notsituationen die Hilfe von Jesus Christus aufzeigen durfte.

Speziell danken möchte ich SB Mgr. Boris 1er, Patriarche et catholicos orthodoxe (p.m.), der mir die Gnade der Bischofsweihe schenkte und ich danke meinem Weihbischof RP Mgr. Claude Becker, der mich in das Priesteramt einführte und lange Jahre begleitete.

Ganz besonders danke ich meiner Familie; an erster Stelle meinem Ehemann für seine Liebe, sein Verständnis und seine engelhafte Geduld. Mein Dank gilt auch meinen beiden Töchtern für ihre liebevolle Unterstützung, stete Aufmunterung und ihre aufbauende Kritik. Vor allem danke ich Monika, welche in stundenlanger Arbeit mithalf, das Buch leserfreundlicher zu gestalten und kritisch darauf achtete, dass der rote Faden stets präsent blieb.

Wolfgang Auer, einen „Bruder im Geist", durfte ich durch eines meiner Bücher kennen lernen. Ich danke ihm für seine spontane, wertvolle Unterstützung. Insbesonders danke ich für sein Vorwort, welches das Buch ungemein bereichert. Für sein Lektorat (trotz Schweizer Rechtschreibung) bin ich ihm sehr dankbar.

Sonja Beck danke ich ganz speziell für ihre unermüdliche Bereitschaft, das Manuskript auch nach der x-ten Umstellung nochmals zu lektorieren. Mein herzlicher Dank gilt auch Andreas Meile, welcher bei der Gestaltung des Text-Layoutes mithalf und die E-Book Ausgabe verwirklichte.

Anmerkungen des Verlages:

Das Werk „Die drei heiligen Geheimnisse" besteht aus zwei Bänden. Im vorliegenden ersten Band werden die drei heiligen Geheimnisse aufgedeckt und erklärt.

Band 2 ist das begleitende Arbeitsbuch und bietet dem Leser die Möglichkeit, die theoretischen Kenntnisse im Alltag zu leben. Die 12 Seelenschritte werden kontempliert gemäss der Meditationsform „Ignatianische Exerzitien im Alltag". Wie beim bereits erschienenen "Exerzitienhandbuch Liebe" wird durch die Meditationen ein geistiger Prozess ausgelöst, im Krankheitsfall sollte die Hilfe eines geistigen Begleiters beigezogen werden. Beide Meditationsbücher enthalten tägliche Meditationen für sechs Monate.

Das sechsbändige Werk „Exerzitienhandbuch Liebe" von M.T. Rubin ist als E-Book oder Taschenbücher veröffentlicht (erhältlich beim Web-Buchhändler: www.amazon.de). Die Bücher enthalten theoretische Erklärungen, Anleitungen und tägliche Meditationen für sechs Monate. Das vorliegende Buch, insbesondere das dazugehörige Arbeitsbuch, könnte als Fortsetzung davon betrachtet werden. Die Meditationen können allein durchgeführt werden. Damit der sechsmonatige innere Heilungsprozess zuverlässig zustande kommt, ist eine geistliche Begleitung empfehlenswert. Geistliche vieler Kirchgemeinden bieten diese an und auch die Autorin stellt sich mit Hilfe moderner Kommunikationsmittel ortsungebunden zur Verfügung. Kontaktaufnahme über den Verlag.

Weitere Bücher: „Fibel der verlorenen Mystik", eine Buchreihe über aktuelle mystische Themen, welche sich in loser Folge mit Themen des astrologischen Tierkreises befasst. Nr. 1, die Steinbock-Ausgabe: „Hypnose, mediale Hilfe bei Rückenleiden" als Taschenbuch erhältlich bei Amazon: ISBN 978-3-9523938-7-1.

Sonnentanz © Alex Koch - Fotolia

Im vorliegenden Buch handelt es sich bei allen geschilderten Fällen um echte Erlebnisse. Zum Schutz der Personen sind diese verfremdet dargestellt, so dass jede Ähnlichkeit mit lebenden Personen rein zufällig und nicht beabsichtigt ist.

www.ingramcontent.com/pod-product-compliance
Lightning Source LLC
Chambersburg PA
CBHW041609220426
43667CB00001B/13